Para:

_____

De:

_____

Por medio de Cristo, Dios nos había elegido
desde un principio para que fuéramos suyos
y recibiéramos todo lo que él había prometido.
Así lo había decidido Dios, quien
siempre lleva a cabo sus planes.
EFESIOS 1:11 (BLS).

La misión de *EDITORIAL VIDA* es proporcionar los recursos necesarios a fin de alcanzar a las personas para Jesucristo y ayudarlas a crecer en su fe.

© 2003 EDITORIAL VIDA
Miami, Florida

Publicado en inglés bajo el título:
The Purpose-Driven® Life Prayer Journal
Por Zondervan
© 2002 por Rick Warren

Traducción: *Marcela Robaina*

Edición: *Madeline Díaz*

Diseño supervisado por: *Amy J Wenger*

Diseñado por: *Sherri L. Hoffman*

Ilustraciones por: *Michael Halbert ©2002*

Diseño de cubierta en español: *Gustavo Camacho*

Adaptación diseño interior en español: *Grupo Nivel Uno Inc.*

ISBN: 0-8297-3871-1
Reservados todos los derechos
Categoría: Devocional

Impreso en Estados Unidos de América
Printed in the United States of America

03 04 05 06 07 ❖ 08 07 06 05 04 03 02

RICK WARREN

UNA

Vida

CON
PROPÓSITO

Diario de oración

Cuaderno de notas

«Una vida con propósito»

UNA JORNADA CON PROPÓSITO

Antes que nacieras, Dios planeó este momento en tu vida.
No es casualidad que sostengas este libro. Dios anhela que descubras
la vida que creó para que la vivas aquí en la tierra
y por la eternidad.

Al escribir este libro, oré mucho para que experimentaras el increíble gozo
que viene de conocer los propósitos de Dios para tu vida. Te admiro por el
interés que has mostrado en este libro. Es una muestra de que quieres
conocer tu propósito, y a Dios le encanta eso. Entenderás el cuadro
completo: cómo encajan todas las piezas de tu vida. Con esta perspectiva, tu
estrés disminuirá, tendrás más satisfacciones, tomarás mejores decisiones y,
más importante aun, estarás preparado para la eternidad.

Te invito a acompañarme en una definitoria *jornada espiritual de 40 días* que te permitirá encontrar la respuesta a la pregunta más importante de la vida: ¿Para qué estoy aquí en la tierra? La mejor manera de consolidar tu progreso para cumplir los propósitos de Dios en tu vida es llevar un diario espiritual. No se tratará de una referencia de los sucesos del día, sino de un registro de las lecciones de vida que no quieres olvidar. Recordamos lo que anotamos. Escribir nuestras ideas nos ayudará a entender mejor la obra de Dios en nuestra vida.

Si realmente deseas cumplir el propósito de tu vida, no te apresures. Dios no tiene prisa. No leas esta obra a la ligera. Tómate tiempo para reflexionar, para considerar lo que lees cada día, y para apuntar tus ideas en este diario. Escucha lo que las Escrituras te dicen.

Tu vida es un viaje y siempre conviene llevar un diario de viaje. Será tu legado para las futuras generaciones, para preservar el testimonio de cómo Dios te ayudó a cumplir sus propósitos en esta tierra. Será el testimonio que perdurará por mucho tiempo después de que estés en el cielo.

— Rick Warren

«QUE SE ESCRIBA ESTO PARA LAS GENERACIONES FUTURAS,
Y QUE EL PUEBLO QUE SERÁ
CREADO ALABE AL SEÑOR».
SALMO 102:18 (NVI).

¿PARA QUÉ ESTOY AQUÍ EN LA TIERRA?

TODO COMIENZA CON DIOS

Porque todo, absolutamente todo en el cielo
y en la tierra, visible e invisible ... todo comenzó
en él y para los propósitos de él.
COLOSENSES 1:16 (PAR).

PUNTO DE REFLEXIÓN: No se trata de mí.

PREGUNTA PARA CONSIDERAR: ¿Qué puedo hacer para recordar
que la vida consiste en vivirla para Dios y no para mí mismo?

El propósito de tu vida excede en mucho a tus propios logros, a tu
tranquilidad o incluso a tu felicidad. Es mucho más grande que tu familia,
tu carrera o aun tus sueños y anhelos más vehementes.

_____

_____

_____

_____

_____

_____

_____

_____

_____

_____

_____

_____

_____

_____

_____

Hay una alternativa a la especulación acerca del significado y el propósito de vivir, y es la *revelación*. Podemos considerar lo que Dios reveló en su Palabra con respecto a la vida. La manera más fácil de entender el propósito de un invento es preguntarle al inventor. Lo mismo ocurre cuando quieres descubrir el propósito de tu vida: pregúntale a Dios.

———————— ✍ ————————

La sabiduría de Dios ... proviene de lo profundo de su propósito ...
No es un mensaje novedoso, es lo que Dios determinó para
nuestra gloria desde la eternidad.

1 CORINTIOS 2:7 (BAD).

_____

_____

_____

_____

_____

_____

_____

_____

_____

_____

_____

Padre:

Al comenzar esta jornada, ayúdame a comprender que si
desarrollo mi vida buscando en mi interior y no centrado en tu
voluntad, acabaré vacío y la vida no tendrá sentido. Fui creado
por ti y para ti, y quiero descubrir mi propósito en ti.

día 2

NO ERES UN ACCIDENTE

«Yo soy tu Creador. Te cuidé aun antes
de que nacieras».
ISAÍAS 44:2 (PAR).

PUNTO DE REFLEXIÓN: No soy un accidente

PREGUNTA PARA CONSIDERAR: Consciente de que Dios me ha creado de una manera singular, ¿con qué partes de mi personalidad, antecedentes y aspecto físico estoy luchando por aceptar?

Mucho antes de que fueras concebido por tus papás, fuiste diseñado en la mente de Dios. No es a causa del destino, ni de la casualidad, ni de la suerte, ni tampoco es una coincidencia de que en este mismo instante estés respirando. ¡Tienes vida porque Dios quiso crearte!

_____

_____

_____

_____

_____

_____

_____

_____

_____

_____

_____

Tú viste cuando mi cuerpo fue cobrando forma en las
profundidades de la tierra; ¡aún no había vivido un solo día,
cuando tú ya habías decidido cuánto tiempo viviría!
¡Lo habías anotado en tu libro!
SALMO 139:16 (BLS).

El motivo de Dios para crearte fue su amor. Tú eres una creación singular. Dios pensó en ti *antes* de crear el mundo. En efecto, ¡por eso mismo lo hizo! Dios creó el medio ambiente de este planeta para que pudiéramos vivir en él. Somos el centro de su amor y lo más valioso de todo lo creado.

_____

_____

_____

_____

_____

_____

_____

_____

_____

_____

_____

_____

_____

_____

_____

_____

_____

_____

Mucho antes de la fundación del mundo, él estaba pensando
en nosotros, y se había predispuesto para que fuésemos
el enfoque de su amor.
EFESIOS 1:4 (PAR).

NO ERES UN ACCIDENTE

Si no hubiera Dios, todos seríamos «accidentes», el resultado fortuito de una lotería astronómica en el universo. Pero *hay* un Dios que te creó por un motivo, ¡y tu vida tiene una profunda razón de ser! Encontramos el sentido y el propósito solo cuando tomamos a Dios como punto de partida en nuestras vidas.

_____

_____

_____

_____

_____

_____

_____   ———— ✍ ————
                                        Dios no juega a
_____   los dados.
                                        ALBERT EINSTEIN
_____   ———— ✍ ————

_____

_____

_____

_____

_____

_____

_____

_____

_____

Dios, tu plan es asombroso. Gracias por diseñarme a la medida
para un propósito. Ayúdame a confiar en tu sabia elección de mis
padres, raza, antecedentes, talentos y apariencia.

¿QUÉ GUÍA TU VIDA?

Al de propósito firme guardarás en perfecta paz,
porque en ti confía
ISAIAH 26:3 (PAR).

PUNTO DE REFLEXIÓN: Vivir con un propósito es el camino a la paz.

PREGUNTA PARA CONSIDERAR: ¿Cuál, podrían decir mi familia y amigos, es la fuerza que mueve mi vida? ¿Cuál quiero yo que sea?

Todos tenemos algo que guía nuestras vidas. La mayoría de los diccionarios definen el verbo guiar como «mover, conducir o empujar». Sea que conduzcas un automóvil, martilles un clavo o golpees una pelota de golf, eres tú quien guía, empuja o mueve ese objeto en ese instante. ¿Qué es lo que guía tu vida?

_____

_____

_____

_____

_____

_____

_____

_____

_____

_____

_____

_____

_____

Jesús dijo: «Nadie puede servir a dos señores».
MATEO 6:24 (BAD).

A muchos los guía la culpa, la ira y el resentimiento, el temor, el materialismo o las expectativas de los demás. Este diario te ayudará a llevar una vida con propósito: una vida guiada, controlada y dirigida por los propósitos de Dios. Nada es más importante que conocer los propósitos de Dios para tu vida.

Somos el resultado de nuestro pasado, pero no tenemos que ser prisioneros del mismo. El propósito de Dios no está sujeto a tu pasado. Dios, que convirtió a un asesino llamado Moisés en un líder y a un cobarde llamado Gedeón en un héroe valiente, también puede hacer cosas increíbles con el resto de vida.

¿QUÉ GUÍA TU VIDA?

Hay cinco grandes beneficios de vivir una vida con propósito:

- Conocer tu propósito da sentido a tu vida.
- Conocer tu propósito simplifica tu vida.
- Conocer tu propósito enfoca tu vida.
- Conocer tu propósito estimula tu vida, y...

_____

_____

_____

_____

_____

_____

_____

_____

_____

_____

_____

_____

_____

_____

_____

_____

_____

_____

_____

- Conocer tu propósito te prepara para la eternidad.

Todos queremos que se nos recuerde después de muertos. Pero al final, lo más importante no es lo que otros digan de tu vida, sino lo que *Dios* diga. Cuando Dios te pregunte: «*¿Qué hiciste con mi Hijo Jesucristo?*» y «*¿Qué hiciste con lo que te entregué?*», ¿cómo responderás?

_____

_____

_____

_____

_____

_____ | ¡Todos tendremos que
_____ | comparecer ante el
_____ | tribunal de Dios!... Así
_____ | que cada uno de
_____ | nosotros tendrá que dar
_____ | cuentas de sí a Dios.
_____ | ROMANOS 14:10,12 (BAD).

_____

_____

_____

_____

_____

_____

Padre, quiero que mi vida se mueva solo al impulso de mi amor por ti. Ayúdame a concentrarme en tu plan y propósito para mi vida, y a no preocuparme de las expectativas de los demás.

CREADOS PARA VIVIR POR SIEMPRE

día

4

> El mundo se acaba con sus malos deseos, pero el que hace la
> voluntad de Dios permanece para siempre.
> **1 JUAN 2:17 (NVI).**

PUNTO DE REFLEXIÓN: La vida es mucho más que vivir el momento.

PREGUNTA PARA CONSIDERAR: Ya que fui creado para vivir para siempre, ¿qué debería dejar de hacer, y qué debiera comenzar a hacer hoy?

Tienes un instinto innato que anhela la inmortalidad. La razón de esto es que Dios te hizo a su imagen para vivir eternamente. ¡Pensamos que deberíamos vivir para siempre por la sencilla razón de que Dios ha implantado eso en nuestros cerebros! Dios ha plantado eternidad en el corazón de los hombres (Eclesiastés 3:11, BAD).

¡Seguramente Dios no hubiera creado un ser como el hombre para que solo existiera por un día! No, no, el hombre fue creado para la inmortalidad.

ABRAHAM LINCOLN

Tu relación con Dios en la tierra determinará el tipo de relación que tendrás con él en la eternidad. Si aprendes a amar y a confiar en Jesucristo, el Hijo de Dios, serás invitado a pasar toda la eternidad con él. Tus valores cambian cuando vives a la luz de la eternidad. Haces uso de tu dinero y de tu tiempo de una forma más sabia. Le das un valor mucho más alto a las relaciones y al carácter que a la fama, la fortuna o los logros. Reordenas tus prioridades. Estar al día con la moda, los estilos y el que dirán, ya no tiene importancia.

Pablo dijo: «Todo aquello que para mí era
ganancia, ahora lo considero pérdida
por causa de Cristo».
FILIPENSES 3:7 (BAD).

———— ✺ ————

Pero Dios cumple sus propios planes, y realiza sus propósitos.
SALMO 33:11 (BLS).

Dios tiene un propósito para tu vida en la tierra, pero no termina aquí. Su plan comprende mucho más que unas cuantas décadas que pasarás en este planeta. Es mucho más que «la oportunidad única de la vida»; Dios te ofrece una oportunidad *más allá* de tu vida.

_____

_____

_____

_____

_____

_____

_____

_____

_____

_____

_____

_____

_____

_____

_____

_____

_____

Dios, abre mis ojos para ver que hasta las decisiones más triviales de mi vida tienen consecuencias eternas. Ayúdame a mirar más allá de lo pasajero y a centrar mi atención en lo que es para siempre. Enséñame a vivir a la luz de la eternidad.

día 5

LA VIDA DESDE LA PERSPECTIVA DE DIOS

El que es honesto en lo poco,
también lo será en lo mucho.
LUCAS 16:10 (NVI).

PUNTO DE REFLEXIÓN: La vida es una prueba y un fideicomiso.

PREGUNTA PARA CONSIDERAR: ¿Qué me ha ocurrido
recientemente que ahora veo que era una prueba de Dios? ¿Cuáles son las
cosas más grandes que Dios me ha confiado?

La Biblia compara la vida con una prueba, un fideicomiso y una asignación
temporal. Estas ideas son la base de una vida con propósito. Para poder
cumplir los propósitos que Dios tiene para ti, tendrás que cuestionar la
sabiduría común y sustituirla por enfoques bíblicos de la vida

_____

_____

_____

_____

_____

_____

_____

_____

_____

No se amolden al mundo actual, sino sean transformados
mediante la renovación [cambio] de su mente. Así podrán
comprobar cuál es la voluntad de Dios.
ROMANOS 12:2 (PAR).

LA VIDA DESDE LA PERSPECTIVA DE DIOS

Cuando entiendes que la vida es una prueba, te das cuenta de que *nada* es insignificante para ti. Aun los percances más pequeños tienen significado para el desarrollo de tu carácter. *Cada día* es importante y cada segundo es una oportunidad para hacer crecer y profundizar tu carácter, para demostrar tu amor y depender de Dios. Algunas pruebas parecen enormes y abrumadoras, otras ni siquiera las sientes. Pero todas ellas tienen implicaciones eternas.

_____

_____

_____

_____

_____

_____

_____

_____

_____

_____

_____

_____

_____

_____

_____

_____

_____

Dichoso el que resiste la tentación porque, al salir aprobado,
recibirá la corona de la vida que Dios ha prometido
a quienes lo aman.
SANTIAGO 1:12 (PAR).

LA VIDA DESDE LA PERSPECTIVA DE DIOS

Nunca te olvides de que todo lo que tienes en tu vida en realidad pertenece a Dios: tu casa, tus hijos, tu trabajo… todo. Tú eres solo el cuidador, el albacea, el mayordomo. Tienes el privilegio de disfrutarlo pero también la responsabilidad de usarlo debidamente de la manera que Dios quiere que lo uses.

Nuestra cultura dice: «Si no es tuyo, no lo cuidarás». Pero los cristianos vivimos bajo otra norma: «Como *Dios* es el dueño, tengo que cuidarlo lo mejor que pueda».

A los que reciben un encargo se les exige que demuestren ser dignos de confianza.
1 CORINTIOS 4:2 (PAR).

LA VIDA DESDE LA PERSPECTIVA DE DIOS

Al fin de tu vida en la tierra serás evaluado y recompensado de acuerdo a la manera en que usaste lo que Dios te confió. Eso significa *todo* lo que hagas. Hasta las tareas más simples tienen repercusión eterna. Si todo lo tratas como un *encargo*, con responsabilidad, Dios te promete tres recompensas en la eternidad. La primera, Dios te dará su *aprobación* y te dirá: «¡Buen trabajo, bien hecho!» Segundo, se te dará un *ascenso* y una responsabilidad mayor en la eternidad: «Te pondré a cargo de muchas cosas». Luego serás honrado con un *festejo*: «Ven y comparte la felicidad del Maestro».

_____

_____

_____

_____

_____

_____

_____

_____

_____

_____

_____

_____

_____

Dios de gracia, dame sabiduría para entender la vida como tú la entiendes. Ayúdame a pasar la prueba de carácter que me planteas y a cuidar todo lo que me das como un encargo sagrado. Porque tú eres dueño de todo, yo solo lo uso mientras estoy en la tierra.

LA VIDA ES UNA ASIGNACIÓN TEMPORAL

Así que no nos fijemos en lo visible sino en lo invisible, ya que lo que se ve es pasajero, mientras que lo que no se ve es eterno.
2 CORINTIOS 4:18 (NVI).

PUNTO DE REFLEXIÓN: Este mundo no es mi hogar.

PREGUNTA PARA CONSIDERAR: ¿Cómo debería cambiar mi manera de vivir hoy, el hecho de que la vida en la tierra es solo una asignación temporal?

Para hacer buen uso de tu vida nunca debes olvidar dos verdades: Primero, la vida comparada con la eternidad es extremadamente breve. Segundo, la tierra es tan solo una residencia temporal. No vas a estar aquí por mucho tiempo, así que no te apegues demasiado. Pídele a Dios que te ayude a ver la vida en la tierra a través de sus ojos. Hoy en día, con todos los fascinantes entretenimientos que nos rodean, lo cautivador de los medios informativos y todas las cosas nuevas que existen para explorar nuevas experiencias, es fácil olvidar que la vida no consiste en la búsqueda de la felicidad. Solo cuando recordamos que la vida es una prueba, un fideicomiso y una asignación temporal es que estas cosas perderán el encanto sobre nuestras vidas.

_____

_____

_____

_____

_____

_____

_____

_____

_____

Así que no nos fijamos en lo visible sino en lo invisible, ya que lo que se ve es pasajero, mientras que lo que no se ve es eterno.
2 CORINTIOS 4:18 (NVI).

LA VIDA ES UNA ASIGNACIÓN TEMPORAL

A los ojos de Dios, los grandes héroes de la fe no son los que han logrado prosperidad, éxito y poder en esta vida, sino aquellos que la ven como una asignación temporal y sirven fielmente, esperando su recompensa en la eternidad.

_____

_____

_____

_____

_____

_____

_____

_____

_____

_____

_____

_____

_____

_____

_____

_____

_____

_____

_____

Todas esas personas murieron sin haber recibido las cosas que Dios había prometido; pero como tenían fe, las vieron de lejos, y las saludaron reconociéndose a sí mismos como extranjeros de paso por este mundo ... Pero ellos deseaban una patria mejor, es decir, la patria celestial. Por eso, Dios no se avergüenza de ser llamado el Dios de ellos, pues les tiene preparada una ciudad.

HEBREOS 11:13,16 (DHH).

LA VIDA ES UNA ASIGNACIÓN TEMPORAL

Así que no nos fijamos en lo visible sino en lo invisible, ya que lo que se ve es pasajero, mientras que lo que no se ve es eterno.

2 CORINTIOS 4:18 (NVI).

Cuando la vida se pone difícil, cuando te embarga la duda, cuando ves prosperar al mal o cuando te cuestionas si vale la pena tanto sacrificio al vivir para Cristo, recuerda que aún no has llegado a casa. Llegado el momento de morir no dejarás tu hogar, más bien *irás* a casa.

_____

_____

_____

_____

_____

_____

_____

_____

_____

_____

_____

_____

_____

_____

Señor, ayúdame a recordar que la vida no se limita a aquí y ahora. Recuérdame que debo vivir como un residente temporal, que no debo apegarme demasiado a las cosas de este mundo porque nada de él perdurará.

EL PORQUÉ DE TODO

Porque de Él, por Él y para Él son todas las cosas.
A Él sea la gloria para siempre.
ROMANOS 11:36 (BDLA).

PUNTO DE REFLEXIÓN: Todo es para él.

PREGUNTA PARA CONSIDERAR: ¿Dónde puedo estar más consciente de la gloria de Dios en mi diario vivir?

El objetivo final del universo es mostrar la gloria de Dios. La gloria de Dios es el porqué de la existencia de todo, incluida tu persona. Dios hizo *todo* para su gloria. Vivir para la gloria de Dios es el mayor logro que podemos alcanzar en nuestra vida. Debería ser la meta suprema de nuestra vida porque Dios dice que «*somos su pueblo, creado para su gloria*» (Isaías 43:7, PAR).

Jesús honró a Dios cumpliendo su propósito en esta tierra. Nosotros lo honramos del mismo modo.

Hay muchas maneras de dar gloria a Dios, pero se pueden resumir en los cinco propósitos de Dios para nuestra vida.

Glorificamos a Dios cuando lo adoramos.

Glorificamos a Dios cuando amamos a los demás creyentes.

Glorificamos a Dios cuando nos asemejamos más a Cristo.

Glorificamos a Dios cuando servimos a los demás con nuestros dones.

Glorificamos a Dios cuando testificamos a los demás.

La gloria de Dios tiene tres secretos que muchos desconocen. En primer término, cuando confías tu vida a Dios, ¡Dios *te llena* de su gloria! El segundo secreto es que cuanto más te concentres en glorificar a Dios, ¡más te llenará de gozo! Y el tercer secreto es que si has entregado tu vida a Jesús, ¡un día estarás con Dios en gloria! Repetidas veces Dios nos promete que si lo glorificamos en esta tierra, ¡estaremos con él en gloria por la eternidad!

_____

_____

_____

_____

_____

_____

_____

_____

_____

_____

_____

_____

_____

_____

_____

_____

_____

¿Vivirás para alcanzar tus propias metas, la comodidad y el placer, o para la gloria de Dios, sabiendo que él te prometió recompensas eternas? Puedes vacilar, preguntarte si tendrás la fortaleza de vivir para Dios. No te preocupes. Jesús te proveerá de todo lo necesario si decides vivir para él.

———— ✍ ————

Todo lo que implica una vida que agrada a Dios nos ha sido dado por milagro, al permitirnos conocer, personal e íntimamente, a Aquel que nos invitó a Dios.
2 PEDRO 1:3 (PAR).

_____

_____

_____

_____

_____

_____

_____

_____

_____

_____

_____

_____

_____

_____

_____

Maravilloso Dios, mi más sentido deseo es glorificarte.
Ayúdame a ver tu gloria a mi alrededor. Nada existiría si no
fuera por ti. ¡Todo sea para la gloria de Dios!

propósito #

1

FUISTE PLANEADO
PARA AGRADAR A DIOS

PLANEADO PARA AGRADAR A DIOS

Porque el Señor se complace en su pueblo.
SALMO 149:4 (NVI).

PUNTO DE REFLEXIÓN: Fui planeado para agradar a Dios.

PREGUNTA PARA CONSIDERAR: ¿Qué puedo comenzar a hacer como si lo hiciera directamente para Jesús?

Agradar a Dios se conoce como adoración. El propósito primario de la vida debiera ser agradar a Dios. Todo lo que hagas para complacer a Dios es un acto de adoración. Así como el diamante, la adoración tiene *muchas facetas.* La adoración es un estilo de vida.

_____

_____

_____

_____

_____

_____

_____

_____

_____

_____

_____

_____

_____

Porque tú creaste todas las cosas; existen y fueron creadas para ser de tu agrado.
APOCALIPSIS 4:11 (PAR).

PLANEADO PARA AGRADAR A DIOS

Adoramos para beneficio de Dios. Cuando adoramos, nuestro objetivo debería ser complacer a Dios, no a nosotros mismos. La adoración no es para ti. Es para Dios. Por supuesto, adorar tiene sus beneficios; pero no adoramos para darnos el gusto. Nuestro motivo debe ser glorificar a nuestro Creador y complacerlo o agradarlo.

El Señor se complace en los que lo adoran,
en los que confían en su gran amor.
SALMO 147:11 (PAR).

PLANEADO PARA AGRADAR A DIOS

*Toma tu vida cotidiana, la vida de todos los días —tu descanso,
tus comidas, tu trabajo, tus idas y venidas— y ponlas como
una ofrenda ante Dios.*
ROMANOS 12:1 (PAR)

La adoración no es lo que hacemos con nuestros labios; es lo que hacemos
con nuestra *vida*. Todos los cantos, las oraciones y las alabanzas son en vano
si no van unidas a un cambio y compromiso personal. No hay lugar para
espectadores en la adoración. La adoración pasiva es una incongruencia. La
verdadera adoración es ofrecer nuestra vida para agradar a Dios.

_____

_____

_____

_____

_____

_____

_____

_____

_____

_____

_____

_____

*Padre, gracias por crearme para agradarte. Ni siquiera
existiría si no hubieras decidido crearme. De no hacer
ninguna otra cosa hoy, antes de acostarme, ayúdame a
conocerte y amarte un poco más que ayer. Ayúdame a
desarrollar un estilo de vida de adoración.*

¿QUÉ HACE SONREÍR A DIOS?

El Señor se complace en los que lo adoran
y confían en su amor.
SALMO 147:11 (PAR).

PUNTO DE REFLEXIÓN: Dios sonríe cuando confío en él.

PREGUNTA PARA CONSIDERAR: Puesto que Dios sabe qué es lo mejor para mí, ¿en qué áreas de mi vida es que más necesito confiar en él?

Ya que agradar a Dios es el principal propósito de nuestra vida, la tarea más importante que tenemos es descubrir cómo hacerlo con exactitud. Es una dicha que la Biblia nos presente un ejemplo claro de una vida que agradó a Dios. El hombre se llamaba Noé. Del estudio de su vida aprendemos los cinco actos de adoración que hacen sonreír a Dios.

Dios sonríe cuando lo amamos por encima de todo.

Dios sonríe cuando confiamos en él completamente.

Dios sonríe cuando lo obedecemos de todo corazón.

Dios sonríe cuando lo alabamos y le manifestamos una gratitud continua.

Dios sonríe cuando cumplimos sus propósitos.

¿QUÉ HACE SONREÍR A DIOS?

Lo que Dios más quiere de nosotros es que tengamos comunión con él. Él te ama de todo corazón y *desea*, en reciprocidad, que tú también lo ames. El *anhelo* de Dios es que lo conozcamos y que pasemos tiempo con él. Él se complace con nosotros. Tener comunión con Dios, aprender a amarlo y ser amado por él, debería ser el mayor objetivo de nuestra vida. No hay ninguna otra cosa que tenga tanta importancia.

Jesús dijo: «Ama al Señor tu Dios con todo tu corazón, con toda tu alma y con toda tu mente ... Éste es el primero y el más importante de los mandamientos».
MATEO 22:37-38 (NVI).

¿QUÉ HACE SONREÍR A DIOS?

———— ❧ ————

Agradamos a Dios por lo que hacemos
y no solo por lo que creemos.
SANTIAGO 2:24 (PAR).

La Palabra de Dios nos dice claramente que no podemos ganarnos la salvación. La salvación es por gracia, no por ningún esfuerzo de nuestra parte. Pero como hijos de Dios podemos agradar a nuestro Padre celestial mediante la obediencia. Busquen en sus Biblias y hagan una lista de todos los pequeños actos de obediencia que agradan a Dios. Todos esos actos de obediencia son también actos de adoración. ¿Por qué a Dios le agrada tanto la obediencia? Porque es la demostración de que realmente lo amamos.

_____

_____

_____

_____

_____

_____

_____

_____

_____

_____

_____

_____

_____

_____

———— ❧ ————

Jesús dijo: «Si ustedes me aman, obedecerán mis mandamientos».
JUAN 14:15 (PAR).

¿QUÉ HACE SONREÍR A DIOS?

———— 🖋 ————

Dios, desde el cielo, mira a hombres y mujeres; busca a alguien
inteligente que lo reconozca como Dios
SALMO 14:2 (BLS).

Cuando vivimos a la luz de la eternidad, nuestro enfoque cambia. En lugar
de plantearnos: «¿Cuánto placer me proporciona la vida?» llegamos a pensar:
«¿Cuánto placer le proporciono a Dios con mi vida?» Dios está buscando
personas como Noé para el siglo veintiuno: personas dispuestas a vivir para
agradarlo. La adoración como estilo de vida es la única manera sabia y
sensata de vivir.

_____

_____

_____

_____

_____   ———— 🖋 ————

_____   Descubramos lo
                                              que agrada al Señor
_____   para hacerlo.
                                              EFESIOS 5:10 (PAR).
_____   ———— 🖋 ————

_____

_____

_____

_____

_____

_____

_____

Querido Dios, quiero que mi vida te haga sonreír.
Dame las fuerzas para amarte por sobre todo, confiar en ti
completamente y obedecerte de todo corazón.

EL CORAZÓN DE LA ADORACIÓN

Entréguense por completo a Dios... preséntenle
todo su ser para propósitos justos.
ROMANOS 6:13 (PAR).

PUNTO DE REFLEXIÓN: El corazón de la adoración es la rendición y la entrega.

PREGUNTA PARA CONSIDERAR: ¿Hay alguna parte de mi vida que no le haya entregado a Dios? ¿A qué le temo?

El corazón de la adoración es rendirse, entregarse a Dios. La verdadera adoración (agradar a Dios) se da cuando nos entregamos completamente a él. Ofrecerte a Dios es la esencia de la adoración. A este acto de entrega personal se le llama de diversas maneras: consagración, que Jesús sea el Señor de nuestra vida, tomar la cruz, morir al yo, ponerse en manos del Espíritu. Lo que importa es lo que se haga, no cómo se le llame. Dios quiere nuestra vida: toda nuestra vida. El noventa y cinco por ciento no es suficiente.

La confianza es un ingrediente esencial de la entrega. No puedes entregarte a Dios si no confías en él, pero tampoco puedes confiar en él hasta que lo conozcas mejor. El temor impide entregarnos, pero *el amor echa fuera el temor*. Cuanto más nos demos cuenta de lo mucho que Dios nos ama, más fácil nos resultará la entrega. Dios es amante y libertador, y cuando nos entregamos a él obtenemos libertad, no esclavitud. Cuando nos entregamos completamente a Jesús, descubrimos que no es un tirano sino el Salvador; no es un jefe sino un hermano; no es un dictador sino un amigo.

_____

_____

_____

_____

_____

_____

_____

_____

_____

_____

_____

_____

_____

_____

_____

_____

_____

_____

EL CORAZÓN DE LA ADORACIÓN

La entrega se demuestra mejor con la obediencia; trabajando codo a codo con el Creador. Dices: *«Sí, Señor»* a cualquier cosa que te pida. El ejemplo supremo de entrega personal es Jesús. La noche antes de su crucifixión, Jesús se entregó al plan de Dios. Oró pidiéndole al Padre: *«¡Padre!, todas las cosas son posibles para ti. Aparta de mí esta copa [de sufrimiento]; pero no se haga lo que yo quiero, sino lo que quieres tú»* (Marcos 14:36 RVR 1995). La entrega auténtica dice: «Padre, si este problema, dolor, enfermedad y circunstancia son necesarios para cumplir tu propósito y para tu gloria en mi vida o en la de otro, ¡*no* me libres de este trance!».

EL CORAZÓN DE LA ADORACIÓN

───── ✺ ─────

Así que debemos someternos completamente a Dios.
SANTIAGO 4:7 (PAR).

Si Dios va a trabajar a fondo contigo, comenzará con la entrega. Entrégale todo a Dios: lo que lamentas de tu pasado, tus problemas del presente, tus ambiciones para el futuro, tus temores, tus sueños, tus debilidades, tus costumbres, tus penas y tus complejos. Pon a Cristo en el asiento del conductor de tu vida y suelta las riendas. No tengas miedo; nada que él tenga bajo su control puede quedar a la deriva. Si Cristo tiene el dominio, podrás enfrentarlo todo.

_____

_____

_____

_____   ───── ✺ ─────

Ofrecerte a Dios

_____   es la esencia de

la adoración.

_____   ───── ✺ ─────

_____

_____

_____

_____

_____

_____

_____

Querido y amante Padre, cuando pienso en todo lo que has hecho
por mí, quiero ofrecerte toda mi vida para hacer tu voluntad.
Quiero desprenderme de mis ansias de control y confiar en ti.
Ayúdame a poner absolutamente todo en tus manos.

HAGÁMONOS LOS MEJORES AMIGOS DE DIOS

Ser amigos de Dios es privilegio de quienes lo reverencian.
SALMO 25:14 (BAD).

PUNTO DE REFLEXIÓN: Dios quiere ser mi mejor amigo.

PREGUNTA PARA CONSIDERAR: ¿Qué puedo hacer para recordar que debo pensar en Dios y hablar con él más a menudo durante el día?

Adán y Eva disfrutaban una amistad íntima con Dios. Sin los estorbos de la culpa o el temor, Adán y Eva se deleitaban en Dios, y él en ellos. Dios nos creó para vivir continuamente en su presencia; pero después de la caída, esa relación ideal se estropeó. Sin embargo, puesto que nuestra salvación está asegurada por Jesús y su Espíritu Santo está en nosotros, ahora podemos ser amigos de Dios. *Porque si, cuando éramos enemigos de Dios, fuimos reconciliados con él mediante la muerte de su Hijo, ¡con cuánta más razón... seremos salvados del castigo de Dios por su vida!* (Romanos 5:10, NVI).

_____

_____

_____

_____

_____

_____

_____

_____

_____

——————— ⚜ ———————

Ahora tenemos la maravillosa alegría del Señor en
nuestras vidas, gracias a que Cristo murió por nuestros
pecados y nos hizo sus amigos
ROMANOS 5:11 (BAD).

La amistad con Dios se cultiva cuando compartimos *todas* nuestras vivencias con él.

Dios quiere ser más que una cita en nuestra agenda. Quiere ser incluido en *cada* actividad, en cada conversación, en cada problema y hasta en cada uno de nuestros pensamientos. La amistad se cultiva compartiendo experiencias: alegrías, tragedias, desafíos, rutinas, las buenas y las malas. Cultivamos la amistad con Dios del mismo modo: pasando juntos el tiempo mientras interactuamos, conversamos, escuchamos y vivimos diversas circunstancias en común.

HAGÁMONOS LOS MEJORES AMIGOS DE DIOS

Es imposible ser amigos de Dios si no *sabemos lo que dice*. No podemos amar a Dios si no lo conocemos, y no podemos conocerlo si no conocemos su Palabra. Si bien no podemos pasarnos 24 horas estudiando la Biblia, podemos *pensar* en ella durante el día, recordando versículos que hemos leído o memorizado y reflexionando en ellos. Dios consideraba a Job y a David sus amigos porque valoraban su Palabra por encima de todas las demás cosas, pensando en ella continuamente en el transcurso del día.

_____

_____

_____

_____

_____

_____

_____

_____

_____

_____

_____

_____

_____

_____

_____

_____

_____

_____

¡Cuánto amo yo tu Ley! ¡Todo el día es ella mi meditación!
SALMO 119:97 (LBLA).

HAGÁMONOS LOS MEJORES AMIGOS DE DIOS

Otra manera de cultivar la amistad con Dios es ser sinceros con él. Dios no espera que seamos perfectos, pero sí insiste en que seamos completamente sinceros. Si la perfección fuera un requisito para ser amigo suyo, nunca podríamos serlo. Es una dicha que, por la gracia de Dios, Jesús todavía sea *«amigo de pecadores»* (Mateo 11:19). En la Biblia, los amigos de Dios fueron sinceros con respecto a sus sentimientos. Esta franqueza no parecía molestarle a Dios; es más, la estimuló.

> Conocer y amar a Dios es nuestro mayor privilegio, y el mayor placer de Dios es conocernos y amarnos.

Jesús, perdóname por estar demasiado ocupado para cultivar una amistad contigo. Quiero tener un diálogo constante, una conversación ininterrumpida contigo durante el día.

DESARROLLA TU AMISTAD CON DIOS

Acérquense a Dios, y él se acercará a ustedes.
SANTIAGO 4:8 (NVI).

PUNTO DE REFLEXIÓN: Estoy tan cerca de Dios como quiero estar.

PREGUNTA PARA CONSIDERAR: ¿Qué decisiones tomaré hoy para acercarme a Dios?

Dios dejó sus instrucciones con respecto a la sinceridad sin tapujos en el libro de los Salmos: un manual de adoración lleno de protestas y desvaríos, dudas, temores, resentimientos y sentidas pasiones, combinadas con gratitud, alabanza y afirmaciones de fe. En ese libro se han catalogado todas las emociones. Cuando leas las emotivas confesiones de David y de otros, entenderás que así es como Dios quiere que lo adores: sin ocultarle ningún sentimiento.

El Señor... al íntegro le brinda su amistad.
PROVERBIOS 3:32 (NVI).

Para cultivar una amistad con Dios debes valorar lo que Dios valora. Esto es lo que hacen los amigos: se interesan en lo que la otra persona considera importante. Mientras más amigos seamos de Dios, más nos importará lo que a él le importa, más nos afligirá lo que a él le aflige, y más nos alegraremos con lo que a él le agrada. ¿Qué es lo que más le importa a Dios? La redención de su pueblo. ¡Quiere hallar a todos sus hijos que se han perdido! Jesús vino al mundo por ese motivo principal. El hecho más preciado para Dios es la muerte de su Hijo. Lo segundo más valioso es cuando sus hijos comparten esa noticia con otros.

_____

_____

_____

_____

_____

_____

_____

_____

_____

_____

_____

_____

_____

_____

_____

_____

Tu amor es mejor que la vida
SALMO 63:3 (NVI).

DESARROLLA TU AMISTAD CON DIOS

Para desarrollar la amistad con Dios debemos desearla más que ninguna otra cosa. La amistad íntima con Dios es una opción, no es una casualidad. Debes tener la intención de buscarla. ¿Realmente la quieres? ¿Más que a cualquier otra cosa? Quizás en el pasado Dios te haya apasionado pero has perdido ese fervor. Para reencender tu entusiasmo por Dios, comienza pidiéndole a él esta pasión, y pídela hasta conseguirla. Haz esta oración durante el día:

Querido Jesús, lo que más quiero es conocerte íntimamente.

Jesús, quiero tener una relación más estrecha contigo. Ayúdame a ser completamente sincero con respecto a mis sentimientos y mis defectos. Nada hay más importante que mi relación contigo.

LA ADORACIÓN QUE AGRADA A DIOS

Ama al Señor tu Dios con todo tu corazón, con toda tu alma, con toda tu mente y con todas tus fuerzas.
MARCOS 12:30 (NVI).

PUNTO DE REFLEXIÓN: Dios quiere *todo* de mí.

PREGUNTA PARA CONSIDERAR: ¿Qué le agrada más a Dios en este momento: mi adoración en público o en privado? ¿Qué haré al respecto?

La adoración que agrada a Dios se basa en las Escrituras. La adoración debe basarse en la verdad de la Palabra, no en nuestra opinión acerca de Dios. A Dios le agrada la adoración que brota del corazón. Hemos sido hechos a imagen de Dios: somos un espíritu que habita un cuerpo, y Dios diseñó nuestro espíritu para comunicarnos con él. La adoración ocurre cuando nuestro espíritu responde a Dios.

_____

_____

_____

_____

_____

_____

_____

_____

_____

_____

_____

_____

Seamos agradecidos. Inspirados por esta gratitud, adoremos a Dios como a él le agrada, con temor reverente.
HEBREOS 12:28 (DHH).

LA ADORACIÓN QUE AGRADA A DIOS

A Dios le agrada la adoración reflexiva. La lectura de las Escrituras usando distintas versiones y paráfrasis es provechosa para enriquecer nuestras expresiones de adoración.

Trata de alabar a Dios sin usar las palabras *alabanza, aleluya, gracias, gloria a Dios* o *amén.* Haz una lista de sinónimos y usa palabras más novedosas como *admirar, respetar, valorar, reverenciar, honrar* y *apreciar.* Además, *sé específico.* Tú preferirías dos cumplidos específicos a veinte generalidades vagas. Dios también. Otra idea es hacer una lista de los diferentes nombres que tiene Dios y concentrarse en ellos. Los nombres de Dios no son arbitrarios; expresan distintos aspectos de su carácter. Y él nos manda a alabar su nombre.

LA ADORACIÓN QUE AGRADA A DIOS

A Dios le agrada la adoración con sacrificio. La verdadera adoración tiene un precio. La adoración sacrifica nuestro egocentrismo. No podemos exaltar a Dios y exaltarnos al mismo tiempo. No podemos adorar para impresionar a los demás y para agradarnos a nosotros mismos. Necesitamos retirar deliberadamente el enfoque de nuestra persona. Cuando Jesús dijo: «*Ama a Dios con todas tus fuerzas*» quería señalar que la adoración requiere esfuerzo y energía. No es siempre ni lo más conveniente ni lo más cómodo, y en ocasiones es un acto de voluntad absoluto: un sacrificio de buena voluntad.

_____

_____

_____

_____

_____

_____

_____

_____

_____

_____

_____

_____

_____

_____

_____

_____

_____

_____

_____

No voy a ofrecer al Señor mi Dios holocaustos
que nada me cuesten.
2 SAMUEL 24:24 (PAR).

LA ADORACIÓN QUE AGRADA A DIOS

*Desde el nacimiento del sol hasta donde se pone,
sea alabado el nombre de Jehová.*
SALMO 113:3 (RVR 1960).

A Dios le agrada la adoración continua. La alabanza debería ser la primera actividad al abrir los ojos y levantarnos, y la última al cerrarlos en la noche. La adoración no es parte de tu vida, *es* tu vida, y toda actividad puede convertirse en un acto de adoración cuando se hace para alabar, glorificar y agradar a Dios.

La adoración es el principal propósito de tu vida. Es nuestra mayor responsabilidad, nuestro más elevado privilegio, y debería ser nuestra única prioridad.

*Padre, quiero agradarte hoy y amarte con todo
mi corazón, mi alma, mi mente y mis fuerzas
y transitar por la senda sagrada que me
permita conocerte.*

día 14

CUANDO DIOS PARECE DISTANTE

Porque Dios ha dicho: "Nunca te dejaré; jamás te abandonaré".
HEBREOS 13:5 (NVI).

PUNTO DE REFLEXIÓN: Dios es real, no importa cómo me sienta.

PREGUNTA PARA CONSIDERAR: ¿Cómo puedo no perder de vista la presencia de Dios, especialmente cuando lo sienta distante?

La amistad se prueba con la separación y el silencio. En nuestra amistad con Dios no siempre nos *sentimos* cercanos a él. El nivel de adoración más profundo es alabar a Dios a pesar del dolor: agradecer a Dios durante una prueba, confiar en él durante la tentación, aceptar el sufrimiento y amarlo aunque parezca distante.

> En cualquier relación hay momentos de intimidad y momentos de distanciamiento, y en la relación con Dios, no importa lo íntima que sea, el péndulo también se moverá de un lado a otro.
>
> PHILIP YANCEY

Dios ha prometido varias veces: «*Nunca* te dejaré; jamás te abandonaré» (Hebreos 13:5). Pero Dios *no te* promete: «Siempre *sentirás* mi presencia». En efecto, Dios reconoce que a veces oculta su rostro de nosotros. A veces es como si fuera un *DEA*, un «desaparecido en acción» en nuestra vida. Es una parte normal de la prueba y la maduración de nuestra amistad con Dios. *Todos* los cristianos atravesamos esta situación por lo menos una vez, y por lo general varias veces. Es dolorosa y desconcertante, pero es absolutamente vital para el desarrollo de la fe.

La fe se desarrolla cuando no sientes nada.

CUANDO DIOS PARECE DISTANTE

La omnipresencia de Dios y la manifestación de su presencia son dos cosas distintas. Una, es un hecho; la otra, es un sentimiento. Dios está siempre presente, aunque no estemos conscientes de él; su presencia es demasiado profunda para medirla con meras emociones. Sí, Dios quiere que sientas su presencia, pero prefiere que *confíes* en él aunque no lo *sientas*. A Dios le agrada la fe, no los sentimientos.

━━━━━ ❧ ━━━━━

Desnudo salí del vientre de mi madre, y desnudo he de partir.
El Señor ha dado; el Señor ha quitado.
¡Bendito sea el nombre del Señor!
JOB 1:20-21 (NVI).

¿Cómo podemos alabar a Dios cuando no entendemos lo que pasa en nuestra vida y él calla? Hagamos lo que hizo Job.

Cuéntale a Dios exactamente cómo te sientes.

Concéntrate en quién es Dios, en su naturaleza inmutable.

Confía en que Dios cumplirá sus promesas.

Recuerda lo que Dios hizo por ti.

_____

_____

_____

━━ ❧ ━━

Adoras a Dios de una manera más profunda cuando mantienes tu confianza en él a pesar de que sientas que te ha abandonado.

━━ ❧ ━━

_____

_____

_____

_____

_____

_____

_____

_____

Dios, cuando no escuche tu voz ni sienta tu presencia, ayúdame a buscarte a ti y no a los sentimientos. Ayúdame luego a recordar tu promesa de que nunca me dejarás ni me abandonarás.

propósito #

2

FUISTE HECHO PARA
LA FAMILIA DE DIOS

día 15

HECHO PARA LA FAMILIA DE DIOS

——— ✍ ———

Su plan inmutable siempre ha sido adoptarnos en su propia
familia, trayéndonos a él mediante Cristo Jesús.
EFESIOS 1:5 (BAD).

PUNTO DE REFLEXIÓN: Dios me hizo para pertenecer a su familia.

PREGUNTA PARA CONSIDERAR: ¿De qué manera puedo
comenzar a tratar a los demás creyentes como miembros de mi propia
familia? ¿Qué puedo hacer hoy?

Dios quiere tener una familia y nos creó para formar parte de ella. Este es el
segundo propósito de Dios para tu vida; él lo planificó así antes de que
nacieras. Toda la Biblia es la historia de Dios formando una familia para
amarlo, honrarlo y reinar con él para siempre.

———————————————————————————

———————————————————————————

———————————————————————————

———————————————————————————

———————————————————————————

———————————————————————————

———————————————————————————

———————————————————————————

———————————————————————————

———————————————————————————

———————————————————————————

———————————————————————————

———————————————————————————

——— ✍ ———

Su plan inmutable siempre ha sido adoptarnos en
su propia familia, trayéndonos a él
mediante Cristo Jesús.
EFESIOS 1:5 (BAD).

Cuando nacimos espiritualmente en la familia de Dios, recibimos algunos regalos asombrosos: ¡el nombre de la familia, la semejanza a la familia, los privilegios familiares, el acceso a la intimidad de la familia y la herencia familiar! Como hijos de Dios tenemos parte en la fortuna familiar. Aquí en la tierra Dios nos da *«las riquezas... de su gracia... bondad... paciencia... gloria... sabiduría... poder... y misericordia* (Efesios 1:7; Romanos 2:4; 9:23, 11:33; Efesios 3:16; 2:4) También heredamos la vida eterna. ¡Qué herencia! Eres mucho más rico de lo que crees.

_____

_____

_____

_____

_____

_____

_____

_____

_____

_____

_____

_____

_____

_____

_____

_____

_____

_____ ✒ _____

Dios tiene reservada una herencia incalculable para sus hijos.
Está conservada para ti, pura e indestructible,
incontaminada e inmarchitable.
1 PEDRO 1:4 (BAD).

HECHO PARA LA FAMILIA DE DIOS

—————— ✍ ——————

Jesús y el pueblo que santificó pertenecemos a la
misma familia; por lo tanto, Jesús no se avergüenza
de llamarnos hermanos y hermanas.
HEBREOS 2:11 (PAR).

Como Jesús te santificó, ¡Dios está orgulloso de ti! Ser incluido en la familia
de Dios es el más alto honor y privilegio que jamás recibirás. No hay nada
que se le parezca. ¿Por qué no haces ahora mismo una pausa y le agradeces a
Dios por ser parte de su familia?

_____

_____

_____

_____

_____

_____

_____

_____

_____

_____

_____

_____

_____

_____

_____

_____

Gracias, querido Dios, por hacerme parte de tu familia
para siempre. Es un privilegio que me hayas incluido.
Ayúdame a no tener en menos a tu iglesia.

LO QUE MÁS IMPORTA

Toda la ley se resume en un solo mandamiento:
"Ama a tu prójimo como a ti mismo".
GÁLATAS 5:14 (NVI).

PUNTO DE REFLEXIÓN: La vida consiste en amar.

PREGUNTA PARA CONSIDERAR: Con toda franqueza, ¿son las relaciones mi prioridad? ¿Qué medidas puedo tomar para asegurarme de que lo sean?

Como Dios es amor, la lección más importante que quiere que aprendamos en esta tierra es cómo amar. El amor es el fundamento de todos los mandamientos que nos ha dado, porque cuando amamos, más semejantes somos a él. Dios quiere que amemos a todos, pero está particularmente interesado en que aprendamos a amar a los miembros de su familia. Este es el segundo propósito para tu vida y se llama comunión. Jesús dijo que el amor de los unos a los otros será nuestro mayor testimonio al mundo.

_____

_____

_____

_____

_____

_____

_____

_____

_____

_____

_____

No importa lo que diga, lo que crea o lo que haga,
sin amor estoy en quiebra.
1 CORINTIOS 13:3 (PAR).

LO QUE MÁS IMPORTA

Lo mejor que puedes hacer con tu vida es amar. El amor debe ser tu prioridad, tu objetivo y tu mayor ambición. El amor no es una buena parte de tu vida; es la parte *más importante*. Las relaciones tienen prioridad sobre todo lo demás. ¿Por qué? Dios nos da tres razones: la vida sin amor no tiene sentido; el amor durará por siempre; y, el amor será la norma que Dios usará para evaluarnos en la eternidad. Jesús resumió lo que más le importa a Dios en dos afirmaciones: amar a Dios y amar a los demás.

¡Que el amor sea para ustedes la más alta meta!
1 CORINTIOS 14:1 (NVI).

———————— ᨓ ————————

Hijos míos, no solamente debemos decir que amamos, sino que
debemos demostrarlo por medio de lo que hacemos.

1 JUAN 3:18 (PAR).

El tiempo es la mejor expresión de amor. El tiempo es el regalo más
preciado que tenemos porque es limitado. Podemos producir más dinero,
pero no más tiempo. Cuando le dedicamos tiempo a una persona, le
estamos entregando una porción de nuestra vida que nunca podremos
recuperar. Nuestro tiempo es nuestra vida. El mejor regalo que le puedes dar
a alguien es tu tiempo. Siempre que dediques tu tiempo, estarás haciendo
un sacrificio, y el sacrificio es la esencia del amor.

_____

_____

_____

_____

_____

_____

_____

_____

_____

_____

_____

_____

_____

Padre, ayúdame a recordar que la vida consiste en amar.
Hoy, me tomaré tiempo para amar a las personas que se crucen
en mi camino. Recuérdame que nunca es una pérdida de tiempo
amar a otros. Enséñame a amar a los aparentemente intratables
para que pueda darles lo que necesitan, no su merecido.

Siempre que tengamos la oportunidad,
hagamos bien a todos
GÁLATAS 6:10 (BAD).

El mejor momento para amar es ahora. No sabemos por cuánto tiempo tendremos la posibilidad de expresar nuestro amor. Las circunstancias cambian; las personas se mueren; los hijos crecen; no hay garantías para el mañana. Si quieres expresar tu amor, más vale que lo hagas ahora mismo.

_____

_____

_____

_____

_____

_____

_____

_____

_____

_____

_____

_____

_____

_____

_____

Padre, ayúdame a recordar que la vida consiste en amar.
Hoy, me tomaré tiempo para amar a las personas que se crucen en
mi camino. Recuérdame que nunca es una pérdida de tiempo
amar a otros. Enséñame a amar a los aparentemente intratables
para que pueda darles lo que necesitan, no su merecido.

día 17

UN LUGAR A PERTENECER

También nosotros, siendo muchos, formamos un solo cuerpo en Cristo, y cada miembro está unido a todos los demás.
ROMANOS 12:5 (NVI).

PUNTO DE REFLEXIÓN: Soy llamado a pertenecer, no solo a creer.

PREGUNTA PARA CONSIDERAR: El grado de compromiso que tengo con mi iglesia local, ¿refleja mi amor y compromiso con la familia de Dios?

Incluso en el entorno perfecto y sin pecado, en el jardín del Edén, Dios dijo: «No es bueno que el hombre esté solo» (Génesis 2:18). Nos creó para vivir en comunidad, para la comunión y para tener una familia, y no podemos cumplir los propósitos de Dios por sí solos. Aunque nuestra relación con Cristo es personal, la intención de Dios no es que sea privada. En la familia de Dios estamos conectados con todos los demás creyentes, y nos pertenecemos mutuamente por la eternidad. *Ya son ustedes... miembros de la familia de Dios, ciudadanos del país de Dios y conciudadanos de los cristianos de todas partes* (Efesios 2:19, BAD).

_____

_____

_____

_____

_____

_____

_____

_____

_____

_____

_____

_____

_____

_____

Para Pablo, ser «miembro» de la iglesia significaba ser un órgano vital de un cuerpo con vida, una parte indispensable y ligada al cuerpo de Cristo. Necesitamos recuperar y poner en práctica el significado bíblico de ser miembro. La iglesia es un cuerpo, no un edificio; es un organismo, no una organización. Dios te creó para desempeñar un papel específico, pero si no te vinculas a una iglesia viva y local, te perderás el segundo propósito de tu vida. Descubrirás tu papel en la vida mediante tu relación con los demás, y esta relación será importante no por ti, sino por ser miembro del cuerpo de Cristo.

_____

_____

_____

_____

_____

_____

_____

_____

_____

_____

_____

_____

_____

_____

_____

_____

_____

_____

La congregación local es el salón de clases donde aprendes a vivir en la familia de Dios. Es el laboratorio donde se practica el amor. Únicamente por medio del contacto regular con los creyentes comunes e imperfectos podremos aprender a tener comunión verdadera y experimentar la verdad del Nuevo Testamento que afirma que estamos *ligados* y *dependemos* unos de otros. La comunión bíblica consiste en estar tan comprometidos con los demás como lo estamos con Jesucristo. Somos testimonio al mundo cuando, viniendo de distintas culturas, razas y clases sociales, nos reunimos en amor como una familia en la iglesia

---

De este modo todos sabrán que son mis discípulos,
si se aman los unos a los otros.
JUAN 13:35 (NVI).

Necesitas un propósito para vivir, personas con quienes vivir, principios para vivir, una profesión para desarrollar y el poder para vivir. La iglesia es el lugar previsto por Dios para suplir estas necesidades. Los propósitos de Dios para su iglesia son los mismos que tiene para tu vida. La adoración te ayudará a *concentrarte en Dios*; la comunión te ayudará a *enfrentar los problemas de la vida*; el discipulado te ayudará a *fortalecer tu fe*; el ministerio te ayudará a *descubrir tus talentos*; el evangelismo te ayudará a *cumplir tu misión*. ¡No hay nada como la iglesia en la tierra!

_____

_____

_____

_____

_____

_____

_____

_____

_____

_____

_____

_____

_____

_____

Querido Dios, ayúdame a recordar que si descuido la comunión con otros creyentes, me aparto de ti. Perdóname por aquellas ocasiones en que me alejé de tu Cuerpo, la iglesia. Ayúdame a permanecer vinculado y comprometido, y a amar a tu iglesia como tú la amas.

VIVIENDO LA VIDA JUNTOS

*Ayúdense unos a otros a llevar sus cargas,
y así cumplirán la ley de Cristo.*
GÁLATAS 6:2 (NVI).

PUNTO DE REFLEXIÓN: Necesito otras personas en mi vida.

PREGUNTA PARA CONSIDERAR: ¿Qué primer paso puedo dar hoy para relacionarme con otro creyente en un mayor grado de intimidad y autenticidad?

La intención de Dios es que experimentemos la vida juntos. En la Biblia esta experiencia comunitaria se conoce como *vivir en comunión*. La comunión es *experimentar la vida juntos*. Consiste en amar desinteresadamente, compartir con corazón sincero, servir en la práctica, hacer sacrificios, consolar y solidarizarse con los que sufren, y todos los demás mandamientos que el Nuevo Testamento nos manda a hacer «unos a otros». Con todo aquello relacionado con la comunión, el tamaño importa: *cuanto más pequeño, mejor.* Todos los cristianos necesitan estar comprometidos con un pequeño grupo dentro de cada iglesia, ya sea uno de reflexión en los hogares, una clase de Escuela Dominical o un grupo de estudio bíblico. La verdadera comunidad se gesta en esos lugares.

_____

_____

_____

_____

_____

_____

_____

_____

_____

_____

En la comunión verdadera experimentamos autenticidad. La comunión auténtica no es superficial. Consiste en la expresión genuina, de corazón a corazón, desde lo más íntimo de nuestro ser. El verdadero compañerismo ocurre cuando la gente es honesta con lo que es y con lo que sucede en su vida: comparte sus penas, revela sus sentimientos, confiesa sus fracasos, manifiesta sus dudas, reconoce sus temores, admite sus debilidades. Por supuesto, la autenticidad exige valor y humildad. Implica enfrentar nuestro temor a la exposición, al rechazo y a ser heridos nuevamente. ¿Por qué habríamos de correr ese riesgo? Porque es la única manera de crecer espiritualmente.

Nuestra práctica debería ser: confesarnos unos a otros
nuestros pecados y orar unos por otros para poder
vivir todos juntos y ser sanados.
SANTIAGO 5:16 (PAR).

En la comunión verdadera experimentamos reciprocidad. La reciprocidad es el arte de dar y recibir. Depender de cada uno de nosotros. La reciprocidad es el corazón de la comunión: la construcción de relaciones recíprocas, de compartir responsabilidades y de ayudarse unos a otros. La compasión implica comprensión y consideración de los sentimientos de otro. La compasión satisface dos necesidades humanas esenciales: ser entendidos y apreciados con nuestros sentimientos. La compasión dice: «Entiendo lo que te está pasando, y lo que sientes no es raro ni es una locura». La compasión es comprender y compartir el dolor de los demás.

_____

_____

_____

_____

_____

_____

_____

_____

_____

_____

_____

_____

_____

_____

_____

_____

Cuando tengan dificultades, ayúdense unos a otros.
Esa es la manera de obedecer la ley de Cristo.
GÁLATAS 6:2 (BLS).

———— ✑ ————

¡Cuán bueno y cuán agradable es que
los hermanos convivan en armonía!
SALMOS 133:1 (NVI).

En la comunión verdadera experimentamos misericordia. La comunión es
un lugar de gracia, donde en vez de enfatizar los errores, estos se resuelven.
Como somos pecadores e imperfectos, inevitablemente nos lastimamos.
En ocasiones, intencionalmente, y otras veces sin mala intención. Pero de
una u otra manera, requiere cantidades enormes de misericordia y gracia
crear y sostener la comunión. Necesitamos brindarnos misericordia unos a
otros y estar dispuestos a recibirla. La comunión se genera cuando la
misericordia triunfa sobre la justicia.

_____

_____

_____

_____

_____

_____

_____

_____

_____

_____

_____

*Padre, quiero que me uses para ayudar a que en mi iglesia exista
la verdadera comunión. Ayúdame a ser auténtico con los demás,
sin fingimiento. Enséñame a tener compasión con quienes están
dolidos y a ser misericordioso con los que han tropezado.*

CULTIVAR LA VIDA EN COMUNIDAD

En esto conocemos lo que es el amor: en que Jesucristo entregó su vida por nosotros. Así también nosotros debemos entregar la vida por nuestros hermanos.
1 JUAN 3:16 (NVI).

PUNTO DE REFLEXIÓN: La vida en comunidad requiere compromiso.

PREGUNTA PARA CONSIDERAR: ¿Cómo puedo cultivar hoy las características de una comunidad verdadera en mi grupo pequeño o en mi iglesia?

Para tener comunión verdadera en tu congregación o pequeño grupo, debes esforzarte por hacer cinco cosas: ser sincero, ser humilde, ser amable, respetar la confidencialidad y tener contacto frecuente y regular con los otros. Cultivar una relación requiere tiempo y esfuerzo, pero los beneficios superan ampliamente los costos y Jesús espera que nos amemos mutuamente así como él nos ama.

_____

_____

_____

_____

_____

_____

_____

_____

_____

Podrán desarrollar una comunidad saludable y robusta que viva bien con Dios y disfrutar los resultados únicamente si se esfuerzan por llevarse bien unos con otros, tratándose entre sí con dignidad y honra.
SANTIAGO 3:18 (PAR).

CULTIVAR LA VIDA EN COMUNIDAD

La humildad es como el aceite que suaviza las relaciones y lima las asperezas. Por eso la Biblia en 1 Pedro 5:5 dice: *«Revístanse todos de humildad en su trato mutuo, porque Dios se opone a los orgullosos pero da gracia a los humildes»*. La cortesía o amabilidad consiste en respetar nuestras diferencias, y ser considerados y tolerantes con quienes no estamos de acuerdo. Pablo le dijo a Tito que no debería haber *«insultos ni peleas ... El pueblo de Dios debe tener un gran corazón y ser amable»*. Lo cierto es que todos tenemos nuestras manías y caprichos. Pero la comunidad no tiene nada que ver con compatibilidades. La base de nuestra comunión es nuestra relación con Dios: somos una familia.

> No dejemos de congregarnos, como acostumbran hacerlo
> algunos, sino animémonos unos a otros.
> HEBREOS 10:25 (NVI).

Para tener estrecha comunión se requiere confidencialidad. Para que las personas sean sinceras y expresen sus más profundas penas, necesidades y errores, se requiere una condición: una atmósfera segura que las haga sentirse cálidamente aceptadas y donde puedan desahogarse con confianza. Significa que lo que se expresa dentro del grupo no sale afuera de él, que el grupo tratará el asunto internamente. Además, la comunión estrecha requiere contacto frecuente. Debes tener contacto frecuente y regular con tu grupo para construir una comunión genuina. Para cultivar la comunión se requiere tiempo. La verdadera comunión requiere esfuerzo

_____

_____

_____

_____

_____

_____

_____

_____

_____

_____

_____

_____

_____

Señor, ayúdame a no conformarme con relaciones superficiales con otros creyentes. Ayúdame a vincularme a un grupo pequeño de creyentes en mi iglesia, donde pueda aprender lo que es el verdadero amor.

RESTAURA EL COMPAÑERISMO

**Si es posible, y en cuanto dependa de ustedes,
vivan en paz con todos.
ROMANOS 12:18 (NVI).**

PUNTO DE REFLEXIÓN: Siempre vale la pena restaurar las relaciones.

PREGUNTA PARA CONSIDERAR: ¿Qué debo hoy hacer para restaurar una relación rota?

Jesús dijo: «Dichosos los que trabajan por la paz, porque serán llamados hijos de Dios» (Mateo 5:9). Si quieres la bendición de Dios sobre tu vida, y quieres que te conozcan como un hijo de Dios, debes aprender a ser un pacificador. Como fuimos creados para integrar la familia de Dios y el tercer propósito de nuestra vida en la tierra es aprender a amar y relacionarnos unos con otros, trabajar por la paz es una de las habilidades más importantes que podemos desarrollar. *Dios... por medio de Cristo nos reconcilió consigo mismo y nos dio el ministerio de la reconciliación* (2 Corintios 5:18).

Trabajar por la paz no es evitar los conflictos. Jesús, el Príncipe de Paz, nunca tuvo miedo al conflicto. En cierta ocasión hasta lo *provocó* para bien de todos. A veces necesitamos evitar los conflictos; otras, necesitamos crearlos; y, aun otras, resolverlos. Por eso debemos orar pidiendo la guía continua del Espíritu Santo. Trabajar por la paz no es *apaciguar*: siempre cediendo, dejándonos pisotear y permitiendo que los demás no nos tengan en cuenta; no es lo que Jesús tenía en mente. Él se negó a ceder en muchos asuntos, se mantuvo firme en su posición frente a la oposición del mal.

———— 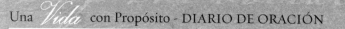 ————

Como creyentes, Dios nos ha llamado a restablecer
nuestras relaciones unos con otros.
2 CORINTIOS 5:18 (PAR).

Los siguientes son siete pasos bíblicos para restaurar una relación.

Habla con Dios antes que con la persona.

Toma la iniciativa siempre.

Sé comprensivo.

Confiesa tu parte en el conflicto.

Ataca al problema, no a la persona.

Coopera tanto como puedas.

Haz hincapié en la reconciliación, no en la solución.

_____

_____

_____

_____

_____

_____

_____

_____

_____

_____

_____

_____

_____

_____

_____

_____

¿A quién debes contactar como resultado de haber leído este capítulo? ¿Con quién necesitas restaurar el compañerismo? No lo postergues ni un segundo. Haz una pausa ahora mismo y conversa con Dios por esa persona. Luego toma el teléfono y comienza el proceso. Estos siete pasos son sencillos, pero no fáciles. Restaurar una relación exige mucho esfuerzo. Por eso Pedro nos exhorta a «*esforzarnos por vivir en paz unos con otros*» (1 Pedro 3:11). Pero cuando trabajas por la paz, haces lo que Dios haría. Por eso Dios llama pacificadores a sus hijos.

_____

_____

_____

_____

_____

_____

_____

_____

_____

_____

_____

_____

_____

_____

_____

_____

Padre, dame claridad para ver cómo restaurar una relación rota.
Necesito sabiduría, humildad, amor y coraje para hacerlo bien
y dar el primer paso hacia la reconciliación.

CUIDA TU IGLESIA

*Esforcémonos por promover todo lo que conduzca
a la paz y a la mutua edificación.*
ROMANOS 14:19 (NVI).

PUNTO DE REFLEXIÓN: Es mi responsabilidad proteger la unidad de mi iglesia.

PREGUNTA PARA CONSIDERAR: ¿Qué estoy haciendo particularmente para proteger la unidad de la familia de mi iglesia?

Dios ama la unidad. Dios desea intensamente que experimentemos la *unidad* y la armonía unos con otros. La Trinidad está unida y Dios quiere que nosotros también lo estemos. Al igual que todo padre, nuestro Padre celestial se regocija viendo cómo sus hijos se llevan bien entre sí. En los momentos finales antes de su arresto, Jesús oró apasionadamente por nuestra unidad. Y el Espíritu Santo es el que nos une en amor.

_____

_____

_____

Todos los creyentes
eran de un solo sentir
y pensar. Nadie
consideraba suya
ninguna de sus
posesiones,
sino que las compartían.
HECHOS 4:32 (NVI).

CUIDA TU IGLESIA

Nada en la tierra es más valioso para Dios que su iglesia. Él pagó el precio más alto por ella, y quiere que la protejamos. Si formas parte de la familia de Dios, es tu responsabilidad proteger la unidad de la iglesia donde te congregas. Jesucristo te encomendó hacer todo lo que esté a tu alcance para proteger la unidad y preservar la comunión en la iglesia y entre todos los creyentes.

_____

_____

_____

_____

_____

_____

_____

_____

_____

_____

_____

_____

_____

_____

_____

_____

_____

Esfuércense por mantener la unidad del Espíritu
mediante el vínculo de la paz.
EFESIOS 4:3 (NVI).

Puedes ser un agente de unidad si practicas lo siguiente:

Enfoquémonos en lo que tenemos en común, no en las diferencias.

Sé realista con respecto a tus expectativas.

Decídete a animar más que a criticar.

Niégate a escuchar chismes.

Apoya a tu pastor y a los líderes.

Practica el método de Dios para solucionar conflictos.

Si tu hermano peca contra ti, ve a solas con él y hazle ver su falta. Si te hace caso, has ganado a tu hermano. Pero si no, lleva contigo a uno o dos más, para que "todo asunto se resuelva mediante el testimonio de dos o tres testigos". Si se niega a hacerles caso a ellos, díselo a la iglesia.
(Mateo 18:15-17, NVI).

_____

_____

_____

_____

_____

_____

_____

_____

_____

_____

_____

_____

_____

_____

_____

_____

_____

--------------- ✑ ---------------

No piensen sólo en su propio bien. Piensen en los otros
cristianos y en lo que es mejor para ellos.
1 CORINTIOS 10:24 (BAD).

Te desafío a aceptar tu responsabilidad de proteger y promover la unidad de
tu iglesia. Pon todo tu esfuerzo para lograrlo, y así agradarás a Dios. No
siempre será fácil. A veces tendrás que hacer lo que es mejor para el cuerpo,
no para ti mismo, dando muestras de tu preferencia por otros. Por eso Dios
nos ha provisto una familia en la iglesia: para aprender a no ser egoístas. En
la comunidad aprendemos a decir «nosotros» en lugar de «yo», y «nuestro»
en vez de «mío».

_____

_____

_____

_____

_____

_____

_____

_____

_____

_____

_____

_____

_____

*Padre, necesito tu sabiduría para actuar protegiendo la unidad de
tu iglesia. Ayúdame a dar aliento a los demás en vez de propagar
rumores. Quiero ser un unificador, no deseo causar divisiones.*

propósito # 3

FUISTE CREADO PARA
SER COMO CRISTO

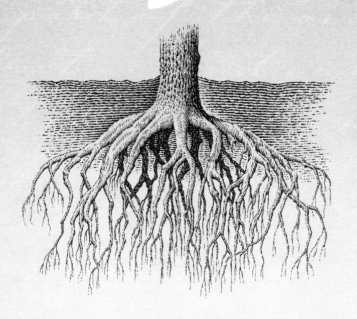

día 22

CREADO PARA SER COMO CRISTO

En la medida en que el Espíritu del Señor opera en nosotros,
nos parecemos más a él y reflejamos más su gloria.
2 CORINTIOS 3:18 (BAD).

PUNTO DE REFLEXIÓN: Fui hecho para llegar a ser como Cristo.

PREGUNTA PARA CONSIDERAR: ¿En qué área de mi vida necesito
pedir el poder del Espíritu para ser como Cristo hoy?

Desde el comienzo mismo, el plan de Dios fue crearnos a semejanza de su
hijo Jesús. Este es nuestro destino y el tercer propósito de nuestra vida.
¿A qué se parece la «imagen y semajanza» completa de Dios? ¡Se parece a
Jesucristo! La metal final de Dios para tu vida sobre la tierra no es la
comodidad, sino adquieras el carácter propio de Cristo.

_____

_____

_____

_____

_____

_____

_____

_____

_____

_____

_____

Desde el mismo principio Dios decidió que los que se acercaran a él
(y él sabía quiénes se habrían de acercar) fueran como su Hijo, para
que él fuera el mayor entre muchos hermanos.
ROMANOS 8:29 (BAD).

CREADO PARA SER COMO CRISTO

Solo el Espíritu Santo tiene poder para hacer los cambios que Dios quiere efectuar en nuestras vidas. Este proceso se llama *santificación*. No puedes reproducir el carácter de Jesús si dependes de tu propia fuerza. Por el contrario, debes confiar y prestar atención al Espíritu que mora en nosotros. Sin embargo, el Espíritu Santo libera su poder en *el momento* en que das un paso de fe. Dios espera que actúes primero. Dios también usa su Palabra, su pueblo y las circunstancias para moldearnos. La Palabra de Dios nos provee la verdad que necesitamos para crecer, el pueblo de Dios nos brinda el apoyo que necesitamos para crecer, y las circunstancias son el entorno donde practicar el carácter de Cristo.

_____

_____

_____

_____

_____

_____

_____

_____

_____

_____

_____

_____

_____

_____

_____

_____

_____

———————— ✍ ————————

Pero sabemos que cuando él venga, seremos como él, porque lo
veremos como él realmente es.
1 JUAN 3:2 (BAD).

Llegar a ser como Cristo es un proceso de crecimiento largo y lento.
La madurez espiritual no es instantánea ni automática; es un desarrollo
gradual y progresivo que llevará el resto de tu vida. Nuestra transformación
espiritual en cuanto al desarrollo del carácter de Jesús se completará cuando
lleguemos al cielo o cuando Jesús vuelva. Cuando al fin podamos ver a Jesús
perfectamente, llegaremos a ser exactamente como él. Jesús quiere hacernos
como él mismo antes de llevarnos al cielo. Este es nuestro privilegio
principal, nuestra responsabilidad inmediata y nuestro destino final.

_____

_____

_____

_____

_____

_____

_____

_____

_____

_____

_____

_____

_____

Jesús, quiero aprender a pensar como tú, hablar como tú, sentir
como tú y obrar como tú. Usa tu Palabra y tu Espíritu para
hacerme más semejante a ti.

CÓMO CRECEMOS

Cambien su manera de pensar para que así cambie su manera de
vivir y lleguen a conocer la voluntad de Dios, es decir, lo que es
bueno, lo que le es grato, lo que es perfecto.
ROMANOS 12:2 (DHH).

PUNTO DE REFLEXIÓN: Nunca es demasiado tarde para empezar a
crecer.

PREGUNTA PARA CONSIDERAR: ¿Cuál es una de las áreas donde
necesito dejar de pensar a *mi* manera y comenzar a pensar a la manera *de Dios*?

La meta de nuestro Padre celestial es que maduremos y desarrollemos las
características de Jesucristo, llevando una vida de amor y servicio en
humildad. El crecimiento espiritual no es automático. Requiere compromiso
intencional. Debes desear crecer, decidir crecer, hacer un esfuerzo por crecer
y persistir en el crecimiento. El discipulado, el proceso de llegar a ser más
semejantes a Cristo, empieza siempre con una decisión.

_____

_____

_____

_____

_____

_____

_____

_____

_____

_____

_____

_____

En cuanto decidas con seriedad llegar a ser semejante a Cristo, deberás empezar a actuar de una manera nueva. Tendrás que abandonar algunas rutinas viejas, desarrollar hábitos nuevos y cambiar intencionalmente tu manera de pensar.

Hay dos partes en el crecimiento espiritual: *«llevar a cabo»* y *«producir»*. El *«llevar a cabo»* es nuestra responsabilidad, el *«producir»* es el papel que desempeña Dios. El crecimiento espiritual es un esfuerzo de colaboración entre nosotros y el Espíritu Santo.

_____

_____

_____

_____

_____

_____

_____

_____

_____

_____

_____

_____

_____

_____

_____

_____

Lleven a cabo su salvación con temor y temblor, pues Dios es quien produce en ustedes tanto el querer como el hacer para que se cumpla su buena voluntad.
FILIPENSES 2:12-13 (NVI).

————— ❧ —————

Dejen que Dios los transforme en una nueva persona,
cambiando su forma de pensar.
ROMANOS 12:2 (BAD).

El primer paso en el crecimiento espiritual es empezar por cambiar la
manera de pensar. La manera en que *pienses* determinará cómo te *sientes*,
y cómo te sientes influirá en cómo *actúas*. Para ser como Cristo debes
desarrollar en ti su mente. El Nuevo Testamento llama a este cambio
mental «*arrepentimiento*», que en griego literalmente significa «*cambiar tu
mentalidad*». Arrepentirse significa cambiar tu manera de pensar: acerca de
Dios, con respecto a ti mismo, al pecado, a otras personas, a la vida, a tu
futuro y a todo lo demás. Asumes la actitud de Cristo y su perspectiva.

_____

_____

_____

_____

_____

_____

_____

_____

_____

_____

_____

_____

_____

_____

Cuando llegué a ser adulto, dejé atrás las cosas de niño.
1 CORINTIOS 13:11 (NVI).

Pensar como Jesús presenta dos facetas. La primera faceta de este cambio mental consiste en dejar los pensamientos *inmaduros*, los cuales son egoístas. La segunda faceta para pensar como Jesús consiste en que empieces a meditar *con madurez*, enfocándote en otros, no en ti mismo. Pensar en los demás es la esencia de ser semejantes a Cristo y la mejor evidencia del crecimiento espiritual. Esta manera de pensar es antinatural, va en contra de nuestra cultura, es rara y difícil. La única forma de aprender a pensar así es que nuestra mente se llene con la Palabra de Dios.

Querido Padre, deseo cooperar con la obra de tu Espíritu en mi vida. Ayúdame a escuchar sus enseñanzas y desarrollar la mentalidad de Cristo.

TRANSFORMADOS POR LA VERDAD

Si vosotros permaneciereis en mi palabra, seréis
verdaderamente mis discípulos; y conoceréis la verdad,
y la verdad os hará libres.

JUAN 8:31-32 (RVR60).

PUNTO DE REFLEXIÓN: La verdad me transforma.

PREGUNTA PARA CONSIDERAR: ¿Qué es lo que ya me ha dicho Dios en su Palabra, que todavía no he empezado a hacer?

El Espíritu de Dios utiliza la Palabra de Dios para hacernos como el Hijo de Dios. Para llegar a ser como Jesús, debemos llenar nuestras vidas de su Palabra. La Palabra de Dios es el alimento espiritual que *debes* tener para cumplir tu propósito. A la Biblia se le llama nuestra leche, pan, comida sólida y postre. Esta comida de cuatro platos es el menú del Espíritu para la fortaleza y el crecimiento espiritual. Alimentarte de la Palabra de Dios debe ser tu prioridad si quieres ser un discípulo robusto de Jesús. Él usó la palabra *«permanecer»* para referirse a eso.

_____

_____

_____

_____

_____

_____

_____

_____

_____

La gente necesita más que pan para vivir; y deben
alimentarse con cada Palabra de Dios.

MATEO 4:4 (BAD).

TRANSFORMADOS POR LA VERDAD

En la vida diaria, permanecer en la Palabra de Dios implica tres acciones.
Primero, debo aceptar su autoridad. La decisión más importante que puedes
tomar hoy es resolver el asunto de cuál ha de ser la autoridad absoluta para
tu vida. Opta por la Biblia como la máxima autoridad, a pesar de la cultura,
la tradición, la razón o la emoción. Cuando tengas que tomar decisiones,
proponte hacer primero esta pregunta: «¿Qué dice la Biblia?» Decide que
cuando Dios te pida que hagas algo, confiarás en su Palabra y lo harás, tenga
sentido o no, aunque no tengas ganas de hacerlo.

Toda palabra de Dios
es digna de crédito.
Proverbios 30:5 (NVI).

Para permanecer en la Palabra de Dios debo asimilar su verdad. Hay cinco maneras de hacerlo: Puedes recibirla, leerla, investigarla, recordarla, y reflexionar en ella.

1. **Recibe** la Palabra de Dios –escucha y acepta la Palabra con una mentalidad y una actitud receptiva.
2. **Lee** diariamente la Biblia –te mantendrá al alcance de la voz de Dios.
3. **Investiga** o estudia la Biblia –formula preguntas acerca del texto y anota tus ideas.
4. **Recuerda** la Palabra de Dios –memorizar los versículos de la Biblia te ayudará a resistir la tentación, tomar decisiones sabias, reducir la tensión, robustecer la confianza, brindar buenos consejos y compartir tu fe con otros.
5. **Reflexiona** diariamente en las Escrituras –ningún otro hábito puede hacer más por transformar tu vida para que te parezcas más a Jesús.

———— 🪶 ————

Jesús dijo: «Ahora que saben estas cosas,
serán dichosos si las ponen en práctica».
JUAN 13:17 (PAR).

Para permanecer en la Palabra de Dios debo aplicar sus principios.
Debemos llegar a ser *«hacedores de la palabra»* (Santiago 1:22, RVR 1960).
La bendición de Dios viene por obedecer la verdad, no solo por conocerla.
La mejor manera para llegar a ser un «hacedor de la Palabra» es escribir
siempre un paso de acción como resultado de la lectura, estudio o reflexión
sobre la Palabra de Dios. Desarrolla el hábito de anotar exactamente lo que
piensas hacer.

———————————————————————————

———————————————————————————

———————————————————————————
                                        ——— 🪶 ———
———————————————————————————   La Biblia no fue dada
                              para aumentar nuestro
———————————————————————————   conocimiento, sino para
                              cambiar nuestra vida.
———————————————————————————   D.L. Moody
                                        ——— 🪶 ———
———————————————————————————

———————————————————————————

———————————————————————————

———————————————————————————

———————————————————————————

———————————————————————————

Padre, gracias por tu Palabra, poderosa y transformadora. Quiero
que mi mente se sature con las Escrituras. Ayúdame a construir
mi vida en tu verdad.

TRANSFORMADOS POR LOS PROBLEMAS

Ahora bien, sabemos que Dios dispone todas las cosas para el bien de quienes lo aman, los que han sido llamados de acuerdo con su propósito.
ROMANOS 8:28 (NVI).

PUNTO DE REFLEXIÓN: Hay un propósito detrás de cada problema.

PREGUNTA PARA CONSIDERAR: ¿Qué problema en mi vida me ha permitido crecer más?

Dios tiene un propósito detrás de cada problema. Podemos esperar cuatro tipos de problemas en la vida:

- Las **pruebas**, designios de Dios para acercarnos a él y construir nuestro carácter.
- Las **tentaciones**, maquinaciones del diablo para apartarnos de Dios y destruir nuestro carácter.
- Las **maldades**, los dolores provocados por los pecados de otros.
- Las **dificultades**, a menudo, pero no siempre, consecuencia de las propias elecciones pecaminosas.

Cuando enfrentes un problema, determina cuál es su origen. Si es por tu culpa, debes **arrepentirte**. Si es una tentación de Satanás, debes **resistirla**. Si es una maldad cometida contra ti, necesitas **librarte** de ella mediante el perdón. Pero si el problema es una prueba de Dios, necesitas **aceptarlo** y confiar en Dios. Sin considerar la causa, ninguno de tus problemas podría suceder si Dios no lo permitiera. Todo lo que le pase a un hijo de Dios es *filtrado por el Padre*, y Dios piensa usarlo para bien.

Nuestros problemas presentes son bastante pequeños y no durarán mucho tiempo. ¡Sin embargo producen para nosotros una gloria inmensamente grande que durará para siempre!
2 CORINTIOS 4:17 (BAD).

TRANSFORMADOS POR LOS PROBLEMAS

Dios permite todo lo que pasa en tu vida para cumplir con un propósito grande y eterno: conformar tu carácter a la imagen de Cristo. Es para tu crecimiento y para la gloria de Dios, y el éxito del plan divino está garantizado. Culminará cuando llegues al cielo. La Biblia afirma que Jesús *«fue perfeccionado por el sufrimiento»* (Hebreos 5:8). Nosotros crecemos del mismo modo, y Jesús es nuestro modelo. *Si hemos de compartir su gloria, también debemos compartir su sufrimiento. Lo que sufrimos ahora no es nada comparado con la gloria que él nos dará después* (Romanos 8:17-18, BAD).

_____

_____

_____

_____

_____

_____

_____

_____

_____

_____

_____

_____

_____

_____

_____

*Querido Dios consolador, ayúdame a recordar que hay un
propósito detrás de todos los problemas que permites en mi vida.
Enséñame a responder a las dificultades así como lo haría Jesús.
Usa las circunstancias de la vida para cultivar mi carácter. En
mi dolor, ayúdame a confiar en tu propósito.*

CRECIMIENTO A TRAVÉS DE LA TENTACIÓN

Dichoso el hombre que no cede a hacer lo malo cuando
es tentado, porque un día recibirá la corona de vida
que Dios ha prometido a los que lo aman.
SANTIAGO 1:12 (BAD).

PUNTO DE REFLEXIÓN: Cada tentación es una oportunidad para hacer el bien.

PREGUNTA PARA CONSIDERAR: ¿Qué cualidad del carácter de Cristo puedo desarrollar si derroto la tentación más común que enfrento?

Tener el fruto del Espíritu es ser como Cristo. ¿Cómo, entonces, produce el Espíritu Santo estos nueve frutos en tu vida? ¿Los crea al instante? No. La fruta siempre madura y llega a su punto *lentamente*. ¡Dios desarrolla el fruto del Espíritu en tu vida, permitiéndote experimentar circunstancias en las que seas tentado para producir exactamente la cualidad contraria! El desarrollo del carácter siempre involucra una elección, y la tentación proporciona esa oportunidad. ¡Cada vez que derrotas una tentación te pareces más a Jesús!

_____

_____

_____

_____

_____

_____

_____

_____

_____

_____

_____

Cómo vencer la tentación

1. Rehúsa ser intimidado. La tentación es una señal de que Satanás te odia, no de tu debilidad o mundanalidad. También es una parte normal del ser humano y del hecho de vivir en un mundo caído. No te sorprendas ni te asustes o descorazones por ser tentado. Sé realista en cuanto a la incapacidad de evitar la tentación; nunca podrás evitarla completamente. La Biblia dice: «*Cuando* sean tentados... », no dice «*si* son tentados». No es un pecado ser tentado. Jesús lo fue, sin embargo, nunca pecó. La tentación solo se convierte en pecado cuando cedes ante ella, y esa decisión depende de ti.

_____

_____

_____

_____

_____

_____

_____

_____

_____

_____

_____

_____

_____

_____

_____

_____

_____

_____

_____

2. Reconoce lo que te tienta y prepárate. Ciertas situaciones te hacen más vulnerable a la tentación que otras. Estas situaciones son particulares para tus debilidades y necesitas identificarlas porque ¡Satanás las conoce con toda seguridad! Él sabe *exactamente* qué es lo que te hace tropezar y trabaja constantemente para ponerte en esas circunstancias. Debes identificar tu modelo particular de tentación y luego prepararte para evitar esas situaciones tanto como sea posible. La Biblia nos dice repetidamente que nos anticipemos y estemos listos para enfrentar la tentación. Pablo dijo: *«No le den ninguna oportunidad al diablo»* (Efesios 4:27, PAR). La planeación sabia reduce la tentación.

_____

_____

_____

_____

_____

_____

_____

_____

_____

_____

_____

_____

_____

_____

_____

_____

_____

3. Pídele ayuda a Dios. La Biblia garantiza que nuestro clamor por ayuda será oído porque Jesús se solidariza con nuestras luchas. Él enfrentó las mismas tentaciones que nosotros. El amor de Dios es eterno, y su paciencia es para siempre. Si tienes que clamar pidiéndole ayuda a Dios doscientas veces al día para derrotar cierta tentación en particular, él estará más que dispuesto a brindarte su misericordia y su gracia.

───────── ✑ ─────────

Cuando el Espíritu Santo controla nuestras vidas, él producirá este tipo de fruto en nosotros: amor, alegría, paz, paciencia, benignidad, bondad, fidelidad, mansedumbre, y autocontrol.
GÁLATAS 5:22-23 (BAD).

Padre maravilloso, gracias por el don de la elección. Ayúdame a recordar que la tentación es siempre una oportunidad para hacer lo correcto. Elijo tu voluntad para mi vida.

CÓMO DERROTAR LA TENTACIÓN

Puedes estar confiado en la fidelidad de Dios, que no dejará que la tentación sea más fuerte de lo que puedes resistir; Dios lo prometió y jamás falta a su palabra. Ya verás que te muestra la manera de escapar de la tentación; para que puedas resistirla con paciencia.

1 CORINTIOS 10:13 (BAD).

PUNTO DE REFLEXIÓN: Siempre hay una salida.

PREGUNTA PARA CONSIDERAR: ¿A quién le puedo pedir que sea mi compañero espiritual, para que orando por mí me ayude a derrotar una tentación persistente?

4. Concentra tu atención en algo diferente. Hacer caso omiso de una tentación es más eficaz que luchar contra ella. Si tu mente está en otra cosa, la tentación pierde su poder. Así que, cuando la tentación te llame por teléfono, no discutas con ella, ¡simplemente cuelga! Para reducir la tentación, mantén tu mente ocupada con la Palabra de Dios y otros pensamientos buenos. Los pensamientos malos se derrotan pensando en algo mejor. Este es el principio del *reemplazo*. Vence el mal con el bien.

---

5. Revela tu lucha a un amigo consagrado o a un grupo de apoyo. Si estás perdiendo la batalla contra un persistente y mal hábito, una adicción o una tentación, y estás atrapado en un *círculo vicioso de buenas intenciones, fracaso y culpa,* ¡no mejorarás por ti mismo! Necesitas ayuda de otras personas. Algunas tentaciones *solo* se superan con la ayuda de un compañero que ora por ti, te anima y te ayuda a asumir tu responsabilidad. El plan de Dios para tu crecimiento y libertad incluye a otros cristianos. La comunión auténtica y sincera es el antídoto en la lucha solitaria contra los pecados difíciles de abandonar. Dios dice que esta es la única manera para lograr liberarse.

6. Resiste al diablo. Pablo nos dice: «*Que la salvación sea el casco que proteja su cabeza, y que la palabra de Dios sea la espada que les da el Espíritu Santo*» (Efesios 6:17, DHH). El primer paso es aceptar la salvación de Dios. No serás capaz de decirle nada al diablo a menos que le hayas dicho que sí a Cristo. Sin Cristo estamos indefensos contra el diablo, pero Dios protege nuestras mentes con *el casco de la salvación*. Segundo, debes usar la Palabra de Dios como tu arma contra Satanás. Jesús nos dejó su ejemplo cuando el diablo lo tentó en el desierto. Cada vez que Satanás sugería una tentación, Jesús se oponía citando las Escrituras. Hay poder en la Palabra de Dios.

7. Percátate de tu vulnerabilidad. Dios nos advierte: Nunca debemos ser arrogantes ni confiados en exceso; esto es la receta para el desastre. No debemos bajar la guardia, ni pensar que la tentación no nos puede alcanzar. No te coloques descuidadamente en situaciones tentadoras. Evítalas. Recuerda que es más fácil huir de la tentación que salir de ella. Todas las veces que resistas la tentación, serás más como Jesús.

———— ❧ ————

Dichoso el que resiste la tentación porque, al salir aprobado,
recibirá la corona de la vida que Dios ha prometido
a quienes lo aman.
SANTIAGO 1:12 (NVI).

_____

_____

_____

_____

_____

_____

_____

_____

_____

_____

_____

_____

_____

Padre, necesito tu gracia para derrotar las tentaciones persistentes de mi vida. Dame el coraje para compartir mi lucha con un amigo que me anime y me ayude a asumir mi responsabilidad.

REQUIERE TIEMPO

— ❧ —

Estoy convencido de esto: el que comenzó tan buena obra en
ustedes la irá perfeccionando hasta el día de Cristo Jesús.
FILIPENSES 1:6 (NVI).

PUNTO DE REFLEXIÓN: No hay atajos en el camino hacia la madurez.

PREGUNTA PARA CONSIDERAR: ¿En qué aspecto de mi
crecimiento espiritual necesito ser más paciente y perseverante?

El crecimiento espiritual, como el físico, lleva tiempo. Mientras nosotros nos
preocupamos en qué tan rápido crecemos, Dios se interesa en qué tan
fuertes crecemos. Dios ve nuestras vidas *desde* y *para* la eternidad, por eso
nunca tiene prisa. El discipulado es el proceso de conformarse a Cristo. La
semejanza a Cristo es nuestro destino final, pero el viaje durará toda la vida.
Hasta ahora hemos visto que este viaje involucra *creer* (mediante la
adoración), *pertenecer* (en la comunión), y *llegar a ser* (mediante el
discipulado). Dios quiere que llegues a ser un poco más como él cada día.

¿Por qué toma tanto tiempo cambiar y crecer? Nuestro aprendizaje es lento. Olvidamos demasiado rápido las lecciones que Dios nos enseña y muy pronto regresamos a nuestros viejos modelos de conducta. Tenemos muchos viejos hábitos que desechar. La Biblia lo llama *«quitarse el viejo hombre»* y *«ponerse el nuevo hombre»*. Tememos enfrentar con humildad la verdad acerca de nosotros mismos. Solo en la medida que permitamos que Dios, con la luz de su verdad, ilumine nuestros defectos, fracasos y complejos, podremos empezar a trabajar en ellos. A menudo el crecimiento es doloroso y nos asusta. Todo cambio involucra alguna clase de pérdida. Desarrollar hábitos lleva tiempo. Los hábitos definen nuestro carácter.

Todo sobre la tierra tiene su propio tiempo y su propia estación.
ECLESIASTÉS 3:1 (PAR).

Hay solo una manera de desarrollar los hábitos de un carácter semejante al de Cristo: *Practicarlos*, ¡y eso toma tiempo! No existen *hábitos instantáneos*. Si practicas algo durante un tiempo, te perfeccionas en eso. La repetición es la madre del carácter y la habilidad. Estos hábitos que edifican el carácter se llaman a menudo *disciplinas espirituales*.

_____

_____

_____

Practica estas cosas. Consagra tu vida a ellas para
que todos puedan ver tu progreso.
1 TIMOTEO 4:15 (PAR).

---- 🖋 ----

Las cosas que planeo no ocurrirán inmediatamente. Lentamente,
con tranquilidad, pero con certeza, se acerca el tiempo en
que la visión se cumplirá. Si parece muy lento, no desesperes,
porque estas cosas tendrán que ocurrir. Ten paciencia.
No se retrasarán ni un solo día.
HABACUC 2:3 (BAD).

Cómo esperar: **Espera un progreso gradual.** Cree que Dios está trabajando
en tu vida aun cuando no lo sientas. **Ten un cuaderno o diario para
anotar las lecciones aprendidas.** Anota las lecciones de Dios para que
puedas repasarlas y recordarlas. **Sé paciente con Dios y contigo mismo.** El
programa de Dios muy pocas veces es igual al nuestro. **No te desanimes.**
Recuerda cuánto has progresado, no únicamente cuánto te falta.

_____

_____

_____

_____

_____

_____

_____

_____

_____

_____

*Padre, cuando me desanime, ayúdame a darme cuenta de lo que he
progresado, no únicamente cuánto me falta. Gracias por no darte
por vencido conmigo, porque acabarás la obra que has comenzado.*

propósito #

4

FUISTE FORMADO PARA
SERVIR A DIOS

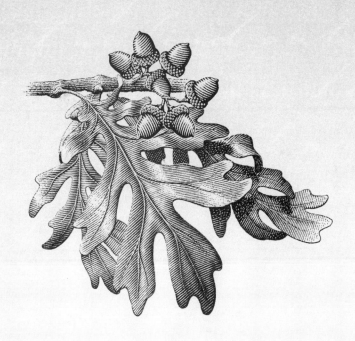

ACEPTA TU ASIGNACIÓN

Porque somos hechura de Dios, creados en Cristo Jesús
para buenas obras, las cuales Dios dispuso de antemano
a fin de que las pongamos en práctica.
EFESIOS 2:10 (NVI).

PUNTO DE REFLEXIÓN: El servicio no es opcional.

PREGUNTA PARA CONSIDERAR: ¿Qué es lo que me impide
aceptar el llamado de Dios para servirle?

Fuiste puesto en la tierra con un propósito: para servir a Dios y a los demás.
Este es el cuarto propósito de Dios para tu vida. Siempre que sirves a otros
de cualquier manera, verdaderamente estás sirviendo a Dios y cumpliendo
uno de tus propósitos. No estamos en la tierra solo para respirar, comer,
ocupar un espacio y divertirnos. Dios nos formó individualmente para que
hiciéramos un aporte singular con nuestras vidas.

Dios te redimió para que hicieras su obra santa. Tú no eres salvo *por* buenas obras, sino *para* hacer buenas obras. En el reino de Dios, tienes un lugar, un propósito, un rol y una función que cumplir. Esto le da a tu vida un gran valor y significado. Una vez que has sido salvado, Dios intenta usarte en sus planes. Él te tiene un *ministerio* en su iglesia y una *misión* en el mundo.

_____

_____

_____

_____

_____

_____

_____

_____

_____

_____

_____

_____

_____

_____

_____

_____

_____

_____

_____

Él es quién nos salvó y escogió para su obra santa, no porque lo merecíamos sino porque estaba en su plan.
2 TIMOTEO 1:9 (BAD).

─────── ✍ ───────

Jesús dijo: «Tu actitud debe ser igual a la mía, porque yo, el Mesías, no vine a ser servido sino a servir y a dar mi vida».
MATEO 20:27-28 (BAD).

Para los cristianos, el servicio no es opcional, algo que debe incluirse en nuestros horarios si disponemos de tiempo. Es el corazón de la vida cristiana. Jesús vino «a servir» y «a dar», y esos dos verbos también pueden definir tu vida en la tierra. Servir y dar, en resumen, son el cuarto propósito de Dios para tu vida.

_____

_____

_____

_____

_____

_____

_____

_____

_____

_____

_____

_____

_____

_____

_____

Maravilloso Dios, ayúdame a recordar que me has puesto sobre esta tierra para servirte y servir a otros. Gracias por el privilegio de ser parte de lo que, a través de tu iglesia, estás haciendo en el mundo.

FORMADO PARA SERVIR A DIOS

Dios obra a través de personas diferentes en maneras
diferentes, pero es el mismo Dios que cumple su
propósito a través de todos ellos.
1 CORINTIOS 12:6 (PAR).

PUNTO DE REFLEXIÓN: Fui moldeado para servir a Dios.

PREGUNTA PARA CONSIDERAR: ¿De qué manera puedo verme
sirviendo y amando a otros apasionadamente?

Eres una obra de arte hecha a mano por Dios. No has sido fabricado en una
línea de producción, ni ensamblado ni producido en cantidades industriales.
Eres un diseño hecho a la medida, una pieza original. Dios deliberadamente
te hizo y te formó para que le sirvieras de una manera que hace tu ministerio
único. Dios no solo te formó antes que nacieras, sino que planeó cada día de
tu vida para apoyar su proceso para formarte. Eso quiere decir que nada de
lo que pasa en tu vida es irrelevante. Dios usa *todo eso* para formarte para que
ministres a otros y para servirlo a él.

Cómo te forma Dios para tu ministerio

Dios no desperdicia nada. Él no te daría habilidades, intereses, talentos, dones, personalidad y experiencias a menos que tuviera la intención de usarlos para su gloria. Si identificas y entiendes esos factores puedes descubrir la voluntad de Dios para ti. La Biblia dice que eres *«maravillosamente complejo»*. Eres una combinación de muchos factores diferentes. Cinco de estos importantes factores forman el acróstico: "F.O.R.M.A". Cuando Dios decidió crearte, determinó exactamente lo que necesitarías para tu servicio singular. A esta combinación exclusiva de aptitudes se le llama moldear o dar FORMA:

Formación espiritual
Oportunidades
Recursos
Mi personalidad
Antecedentes

Formación espiritual. Dios le da a cada creyente dones espirituales para usarlos en el ministerio. Son habilidades especiales que Dios da a los creyentes para servirle. Los dones espirituales son un regalo, no se pueden obtener o merecer. Son una expresión de la gracia de Dios para ti. No puedes escoger los dones que quieras tener; Dios es quien los determina. No nos dio el mismo don a todos. Por otra parte, ningún individuo recibe *todos* los dones. Tus dones espirituales no se te dieron para tu propio beneficio sino para el de *otros*, así como los de ellos son para tu beneficio. Cuando usamos nuestros dones juntos, todos nos beneficiamos. Ese es el motivo por el que se nos manda descubrir y desarrollar nuestros dones espirituales.

FORMADO PARA SERVIR A DIOS

Oportunidades. La Biblia usa el término *corazón* para describir el manojo de deseos, esperanzas, intereses, ambiciones, sueños y afectos que posees, en fin, tus oportunidades. Tu corazón es la fuente de todas tus motivaciones, lo que amas hacer y lo que más te importa. Tu latido emocional es la segunda llave para entender tu forma para servir. Cuando sirves a Dios de corazón, lo sirves con entusiasmo y efectividad. Descubre lo que te gusta hacer, lo que Dios te puso en el corazón, y hazlo para su gloria.

Porque somos hechura de Dios, creados en
Cristo Jesús para buenas obras.
EFESIOS 2:10 (NVI).

Dios, eres una maravilla de Creador. Gracias por la atención que has puesto en todos los detalles de mi vida. Gracias por formarme para servirte como ningún otro.

ENTIENDE TU FORMA

Cada uno ponga al servicio de los demás el don que
haya recibido, administrando fielmente la gracia de
Dios en sus diversas formas.
1 PEDRO 4:10 (NVI).

PUNTO DE REFLEXIÓN: Nadie puede ser yo.

PREGUNTA PARA CONSIDERAR: Lo que Dios me da, habilidades
o experiencias personales, ¿puedo ofrecerlas a mi iglesia?

Recursos. Tus recursos son los talentos naturales con los que naciste.
Algunas personas tienen facilidad natural con las palabras. Otras tienen
recursos atléticos innatos, son excelentes en la coordinación física. Otros son
buenos en matemáticas, música o mecánica.

Para usar tus talentos en el servicio, necesitas entender cuatro verdades:

Todos nuestros recursos provienen de Dios.
Cada recurso puede usarse para la gloria de Dios.
Lo que soy capaz de hacer, esto es lo que Dios quiere que haga.
Si no los uso, los perderé.

Mi personalidad. Él nos creó a cada uno con una combinación única de atributos personales. Dios hace a los *introvertidos* y a los *extrovertidos*. A los que aman la *rutina* y a los que les gusta la *variedad*. Él hace personas *«pensadoras»* y *«perceptivas»*. Algunas trabajan mejor cuando se le asigna un trabajo individual mientras que otras trabajan mejor en equipo. No hay temperamentos «correctos» o «equivocados» en el ministerio. Necesitamos todo tipo de personalidades para tener un balance en la iglesia y darle sabor.

_____

_____

_____

_____

_____

_____

_____

_____

_____

_____

_____

_____

_____

_____

_____

_____

Hay diversas funciones, pero es un mismo Dios el que hace todas las cosas en todos.
1 CORINTIOS 12:6 (NVI).

Antecedentes. Tú has sido formado por tus antecedentes en la vida, tus experiencias, la mayoría de las cuales estuvo fuera de tu control. Dios permitió todas ellas para su propósito de moldearte. Para determinar tu forma para servir a Dios debes examinar por lo menos seis tipos de experiencias: *familiares, educacionales, vocacionales, espirituales, de ministerio* y *dolorosas*. Es esta última categoría la que Dios usa la mayoría de las veces para prepararte para su ministerio. Por cierto, el ministerio *más grandioso* surgirá de tu dolor más grande. Las experiencias que más te han dejado resentido y lastimado en la vida, las que has ocultado y has olvidado, son las que Dios quiere que uses para ayudar a otros.

_____

_____

_____

_____

_____

_____

_____

_____

_____

_____

_____

_____

_____

_____

Padre de toda gracia, quiero que uses todas las experiencias que han moldeado mi vida —tanto las buenas como las malas— para tu gloria. Estoy profundamente agradecido de que puedas incluso usar los errores y los fracasos de mi vida. Ayúdame a ayudar a otros de la misma manera que tú me has ayudado.

USA LO QUE DIOS TE HA DADO

Esfuérzate por presentarte a Dios aprobado, como obrero
que no tiene de qué avergonzarse y que interpreta
rectamente la palabra de verdad.
2 TIMOTEO 2:15 (NVI).

PUNTO DE REFLEXIÓN: Dios merece lo mejor de mí.

PREGUNTA PARA CONSIDERAR: ¿Cómo puedo hacer mejor uso
de lo que Dios me ha dado?

La mejor manera de vivir tu vida es sirviendo a Dios de acuerdo a tu
«FORMA», para lo cual debes descubrir tus dones, aprender a aceptarlos y a
disfrutarlos de modo que puedas desarrollarlos a su máxima expresión.

Dios quiere que descubras tu forma en particular. Comienza a encontrar
y clarificar lo que Dios quiere que seas y hazlo. En primer lugar, evalúa tus
dones y recursos. Luego, considera las oportunidades y tu personalidad. Por
último, examina tus antecedentes y extrae las lecciones que aprendiste.

_____

_____

_____

_____

_____

_____

_____

_____

_____

_____

_____

_____

_____

_____

USA LO QUE DIOS TE HA DADO

Dios quiere que aceptes tu forma. Dado que Dios conoce lo que es mejor para ti, debes aceptar con gratitud la forma en que te hizo. Tu forma fue determinada soberanamente por Dios para *su* propósito, de manera que no debes resentirla ni rechazarla. Por el contrario, deberías celebrar la forma única que Dios te dio. Parte de aceptar tu forma es reconocer tus limitaciones. Nadie es bueno en todas las cosas, y ninguno es llamado a hacerlas todas. Cada uno tiene sus roles definidos.

Por cuanto nosotros mismos hemos sido moldeados en todas
estas partes, excelentemente formadas y operando
maravillosamente, en el cuerpo de Cristo, sigamos adelante
y seamos aquello para lo que fuimos creados.
ROMANOS 12:5 (PAR)

USA LO QUE DIOS TE HA DADO

Dios quiere que disfrutes la forma que te ha dado. Satanás tratará de robarte el gozo del servicio tentándote en dos maneras: para que *compares* tu ministerio con el de otros y para que *conformes* tu ministerio a las expectativas de los otros. Si comparas tu forma, tu ministerio o los resultados de tu ministerio con otras personas, te desanimarás o te llenarás de orgullo. Cualquiera de estas actitudes te pondrá fuera de servicio y te robarán tu gozo.

_____

_____

_____

_____

_____

_____

_____

_____

_____

_____

_____

_____

_____

_____

_____

_____

_____

Haz tu propio trabajo bien, para que entonces tengas de qué estar orgulloso. Pero no te compares con otros.
GÁLATAS 6:4 (PAR).

Dios quiere que desarrolles tu forma. Dios espera de nosotros que hagamos lo máximo con lo que él nos da. Debemos cultivar nuestros dones y habilidades, manteniendo nuestros corazones ardientes, creciendo en nuestro carácter y personalidad, ampliando nuestras experiencias de manera que cada vez seamos más eficaces en nuestro servicio. Recuerda, en la eternidad estaremos sirviendo a Dios por siempre. Pero ahora mismo nos podemos preparar para el servicio eterno practicando aquí en la tierra. Estamos preparándonos para las responsabilidades y recompensas eternas. Por ello, al igual que los atletas que se preparan para las Olimpiadas, nos entrenamos y desarrollamos para ese gran día.

> Por lo cual te aconsejo que avives el fuego del don de Dios que está en ti.
> 2 TIMOTEO 1:6 (RVR 1960).

Señor, tú mereces lo mejor de mí. Ayúdame a tener creatividad para hacer rendir al máximo lo que me has dado. Quiero servirte por el resto de mi vida.

CÓMO ACTÚAN LOS VERDADEROS SIERVOS

*Y cualquiera que le da siquiera un vaso de agua fresca a uno
de estos pequeños por ser seguidor mío, les aseguro
que tendrá su premio.*
MATEO 10:42 (DHH).

PUNTO DE REFLEXIÓN: Sirvo a Dios cuando sirvo a otros.

PREGUNTA PARA CONSIDERAR: Los siervos verdaderos siempre están disponibles para servir, prestan atención a las necesidades, hacen lo mejor con lo que tienen, cumplen sus tareas con la misma dedicación, son fieles a su ministerio y mantienen un bajo perfil. ¿Cuáles de las cinco características de los siervos verdaderos me desafían más?

Es importante que conozcas tu forma para que sirvas a Dios, pero es mucho más relevante tener corazón de siervo. Los siervos verdaderos están disponibles para servir. Siempre deben estar listos para cumplir con sus deberes. Ser un siervo significa darle a Dios el derecho de controlar tu horario y permitirle que lo interrumpa en cualquier momento que lo necesite. Los siervos verdaderos prestan atención a las necesidades. Siempre están mirando las maneras de ayudar a otros. Cuando ven la necesidad, no dejan escapar la oportunidad. *Por cuanto nosotros mismos hemos sido moldeados en todas estas partes, excelentemente formadas y operando maravillosamente, en el cuerpo de Cristo, sigamos adelante y seamos aquello para lo que fuimos creados* (Romanos 12:5, PAR).

Los siervos verdaderos hacen lo mejor con lo que tienen. No tienen excusas, ni postergan ni esperan mejores circunstancias. Solo hacen lo que se requiere. Dios espera que hagas lo que puedas con lo que tienes, dondequiera que estés. Los siervos verdaderos cumplen sus tareas con la misma dedicación. Siguen las instrucciones de Colosenses 3:23: *Hagan lo que hagan, trabajen de buena gana, como para el Señor y no como para nadie en este mundo.* Jesús se especializó en tareas humillantes que otros evadían. Él nunca se consideró por encima de nada, porque vino a servir. Él hizo todas estas cosas y no fueron *molestia* para su grandeza, lo hizo porque quiere que sigamos su ejemplo.

CÓMO ACTÚAN LOS VERDADEROS SIERVOS

— ❦ —

Pónganse el delantal de humildad para servirse unos a otros.
1 PEDRO 5:5 (PAR).

Los siervos verdaderos son fieles a su ministerio. Terminan sus tareas, cumplen con sus responsabilidades, mantienen sus promesas y completan sus compromisos. No dejan el trabajo a medias ni lo abandonan cuando se desaniman. Son dignos de confianza y responsables. Los siervos verdaderos mantienen un bajo perfil. No se promueven ni llaman la atención sobre sí mismos. Si se les reconoce por su servicio, lo aceptan humildemente, pero no permiten que la notoriedad los distraiga de sus trabajos. Los siervos verdaderos no sirven para la aprobación o el aplauso de otros. Viven para ser famosos solo para Dios.

_____

_____

_____

_____

_____

_____

_____

_____

_____

_____

_____

_____

_____

_____

_____

Jesús, hoy quiero estar disponible para servir a los demás en tú nombre. Quiero servirte todos los días de mi vida.

día 34

MENTALIDAD DE SIERVO

La actitud de ustedes debe ser como la de Cristo Jesús.
FILIPENSES 2:5 (NVI).

PUNTO DE REFLEXIÓN: Para ser siervo debo pensar como siervo.

PREGUNTA PARA CONSIDERAR: ¿Me preocupo más por ser servido que por servir a otros?

Para ser un siervo debes pensar como siervo. Dios está más interesado en _por qué_ hacemos las cosas que en lo que hacemos. Los siervos piensan más en otros que en sí mismos. Se enfocan en los demás, no en ellos mismos. Esto es lo que significa «perder tu vida», olvidándote de ti mismo para servir a otros. Jesús _se despojó de sí mismo tomando forma de siervo_ (Filipenses 2:7, PAR). No puedes ser siervo si estás lleno de ti mismo. Solo cuando nos olvidamos de nosotros mismos podemos hacer cosas que merecen ser recordadas.

_____

_____

_____

_____

_____

_____

_____

_____

_____

_____

_____

_____

Los siervos piensan como mayordomos, no como dueños. Recuerdan que todo le pertenece a Dios. En la Biblia, un mayordomo era un siervo al que se le confiaba una propiedad. El servicio y la mayordomía van juntos, puesto que Dios espera de nosotros que seamos dignos de confianza en ambos aspectos. La Biblia dice: *La única cosa que se requiere para ser tales siervos es que sean fieles a su señor* (1 Corintios 4:2, PAR). Los siervos piensan en su trabajo, no en lo que otros hacen. No comparan, critican, ni compiten con otros siervos o ministerios. Están muy ocupados haciendo el trabajo que Dios les asignó. Los siervos verdaderos no se quejan de las injusticias, no viven lamentándose ni se resienten con quienes no están sirviendo. Solo confían en Dios y continúan sirviendo.

_____

_____

_____

_____

_____

_____

_____

_____

_____

_____

_____

_____

_____

_____

_____

_____

_____

_____

Los siervos basan su identidad en Cristo. Dado que ellos recuerdan que fueron amados y aceptados por gracia, no tienen que probar su mérito ni se sienten amenazados por tareas «inferiores». Uno de los ejemplos más conmovedores de servicio es la imagen misma que Jesús muestra cuando lava los pies a sus discípulos. Los siervos piensan en el ministerio como una oportunidad, no como una obligación. Disfrutan ayudando a la gente, supliendo sus necesidades y realizando su ministerio. *Sirven al Señor con regocijo* (Salmo 100:2). Dios te usará si comienzas a actuar y pensar como un siervo.

_____

_____

_____

_____

_____

_____

_____

_____

_____

_____

_____

_____

_____

_____

_____

_____

Padre, ayúdame hoy a hacer lo que pueda, con mis medios, para ti.
No permitas que me compare o compita con otros para servirte.
Ayúdame a concentrarme únicamente en aquello para lo
que me has llamado.

EL PODER DE DIOS EN TU DEBILIDAD

Te basta con mi gracia, pues mi poder se perfecciona en la debilidad.
2 CORINTIOS 12:9 (NVI).

PUNTO DE REFLEXIÓN: Dios trabaja mejor si reconozco mi debilidad.

PREGUNTA PARA CONSIDERAR: ¿Estoy limitando el poder de Dios en mi vida tratando de ocultar mis debilidades? ¿En qué necesito ser honesto de manera que pueda ayudar a otros?

Dios nos usará si le permitimos trabajar por medio de nuestras debilidades. Para que esto ocurra debemos seguir el modelo de Pablo:
Reconoce tus debilidades. Admite tus imperfecciones. Sé honesto contigo mismo. Hay dos grandes confesiones en el Nuevo Testamento a modo de ilustración. La primera fue de Pedro, que le dijo a Jesús: *«Tú eres el Cristo, el Hijo del Dios viviente»* (Mateo 16:16, PAR). La segunda fue de Pablo, que le dijo a la multitud idólatra: *«Solo somos seres humanos iguales a ustedes»* (Hechos 14:15, PAR).

_____

_____

_____

_____

_____

_____

_____

_____

_____

_____

_____

_____

_____

EL PODER DE DIOS EN TU DEBILIDAD

Agradece tus debilidades. La gratitud es una expresión de fe en la bondad de Dios. El corazón agradecido dice: «Dios, creo que me amas y sabes lo que es mejor para mí». Pablo da muchas razones para alegrarnos con nuestras debilidades. Primero, nos hacen depender más de Dios. También previenen la arrogancia y animan la comunión entre los creyentes. Más que nada, aumentan nuestra sensibilidad relacional y ministerial. Dios quiere que tengas un ministerio parecido al de Cristo en la tierra. Eso quiere decir que otras personas van a encontrar sanidad en tus heridas. Tus grandes mensajes de la vida y tu ministerio más eficaz surgirán de tus heridas más profundas.

EL PODER DE DIOS EN TU DEBILIDAD

Comparte sinceramente tus debilidades. Ministrar empieza con vulnerabilidad. Pablo expresó con sinceridad sus fallas, sus sentimientos, sus frustraciones y sus temores. Por supuesto, cuando revelas tus debilidades, te arriesgas a ser rechazado. Pero los beneficios valen la pena. La vulnerabilidad es el camino hacia la intimidad. Por eso es que Dios quiere usar tus debilidades, no solo tus fortalezas. Si todo lo que la gente ve son tus fortalezas, se desalientan y piensan: «Bien, qué bueno por él o ella, pero yo nunca podré hacerlo». Sin embargo, cuando ven a Dios usándote a pesar de tus debilidades, eso los consuela y piensan: «¡Puede ser que Dios me use!»

Participamos de su debilidad, pero por el poder de Dios
viviremos con Cristo para servirlos a ustedes.
2 CORINTIOS 13:4 (NVI).

EL PODER DE DIOS EN TU DEBILIDAD

———— ✍ ————

Yo estoy contigo; eso es todo lo que necesitas. Mi poder se
muestra mejor en los débiles.
2 CORINTIOS 12:9 (BAD).

Gloríate en tus debilidades. En vez de mostrarte autosuficiente e
insuperable, obsérvate a ti mismo como un trofeo de gracia. Cuando Satanás
apunte a tu debilidad, acuérdate de Dios y llena tu corazón con alabanzas a
Jesús, que «*entiende cada debilidad nuestra*» (Hebreos 4:14) y al Espíritu
Santo, que «*nos ayuda en nuestra debilidad*» (Romanos 8:26). Nuestras
limitaciones no limitan a Dios.

_____

_____

_____

_____

_____

_____

_____

_____

_____

_____

_____

_____

_____

_____

Padre, usa mis debilidades para reflejar tu gloria.
Que mis debilidades me hagan depender completamente de ti.
Que mi vida sea un ejemplo de lo que tú puedes hacer con
personas comunes que se han entregado a ti.

propósito #

5

FUISTE HECHO PARA UNA MISIÓN

HECHO PARA UNA MISIÓN

Vayan y hagan discípulos de todas las naciones, bautizándolos en el nombre del Padre y del Hijo y del Espíritu Santo, enseñándoles a obedecer todo lo que les he mandado a ustedes. Y les aseguro que estaré con ustedes siempre, hasta el fin del mundo.

MATEO 28:19-20 (NVI).

PUNTO DE REFLEXIÓN: Fui hecho para una misión.

PREGUNTA PARA CONSIDERAR: ¿Qué temores me detienen para cumplir la misión de Dios y poder terminarla? ¿Qué me detiene para hablar a otros de las buenas nuevas?

Cumplir tu misión —traer personas a Dios— es el quinto propósito de Dios para tu vida. Hay varias razones por las que debes tomar en serio esta misión. **Continuar la misión de Jesús en la tierra es un mandamiento.** La Gran Comisión fue asignada a *cada* seguidor de Cristo. Quizás tú eres el único cristiano que algunas personas conocerán y tu misión es hablarles de Jesús. **Tu misión es un privilegio maravilloso.** Aunque es una gran responsabilidad también es un honor increíble ser usado por Dios.

Tu misión es lo mejor que puedes hacer por una persona. Tenemos las buenas nuevas y compartirlas es el acto de bondad más grande que podemos hacer. **Tu misión tiene un significado eterno.** No podrás hacer ninguna otra cosa que importe tanto como ayudar a las personas a establecer una relación con Dios. **Tu misión da significado a tu vida.** Si solo una persona va al cielo por tu causa, tu vida no puede considerarse un fracaso. **El tiempo de Dios para la conclusión de la historia está vinculado con la culminación de nuestra comisión.** Jesús no vendrá hasta que cada una de las personas que Dios quiere que oigan las buenas nuevas las hayan oído.

───── ✍ ─────

Lo más importante es que culmine mi misión, la obra
que el Señor me encomendó.
HECHOS 20:24 (PAR).

Completar tu misión traerá gloria a Dios. La noche antes de ser
crucificado, Jesús le dijo al Padre: «*Yo te he glorificado en la tierra, y he
llevado a cabo la obra que me encomendaste*» (Juan 17:4). ¿Podrás decir lo
mismo cuando tu vida llegue a su fin? **Dios bendice la vida de dedicación
a su reino.** El secreto para recibir la bendición de Dios es cooperar con su
programa para el mundo, ser parte de su obra en la tierra.

_____

_____

_____

_____

_____

_____

_____

_____

_____

_____

_____

_____

_____

*Padre, gracias por el privilegio de ser parte de tu plan para el
mundo. Quiero que me uses para traer a otros a tu familia por la
eternidad. Ayúdame a salvar a uno más para Jesús.*

COMPARTE EL MENSAJE DE TU VIDA

Estén siempre preparados para responder a todo el que les
pida razón de la esperanza que hay en ustedes.
Pero háganlo con gentileza y respeto.
1 PEDRO 3:15-16 (NVI).

PUNTO DE REFLEXIÓN: Dios quiere decirle algo al mundo a través de mí.

PREGUNTA PARA CONSIDERAR: Reflexionando en mi historia personal, ¿a quién quiere Dios que se la cuente?

El mensaje de vida que Dios te ha impartido se compone de cuatro partes: **Dios quiere que compartas tu testimonio.** La esencia del testimonio es compartir tus experiencias personales con respecto al Señor. En una corte no se espera que el testigo discuta el caso, pruebe la verdad o presione el veredicto; ese es el trabajo de los abogados. Los testigos simplemente relatan lo que les pasó o lo que vieron. Jesús dijo: *«Serás mi testigo»* (Hechos 1:8), no dijo «serás mi abogado». *Quienes creen en el Hijo de Dios, tienen el testimonio de Dios en ellos* (1 Juan 5:10, PAR).

_____

_____

_____

_____

_____

_____

_____

_____

_____

_____

_____

COMPARTE EL MENSAJE DE TU VIDA

Dios quiere que compartas con otros tus lecciones de vida. La segunda parte de tu mensaje son las verdades que Dios te ha enseñado en tus experiencias con él. Lecciones e ideas que has aprendido acerca de Dios, las relaciones, los problemas, las tentaciones y otros aspectos de la vida. Escribe las lecciones importantes que has aprendido de la vida, de manera que puedas compartirlas con otros. Debemos estar agradecidos con Salomón porque nos dio los libros de Proverbios y Eclesiastés, los cuales están llenos de lecciones prácticas para la vida.

_____

_____

_____

_____

_____

_____

_____

_____

_____

_____

_____

_____

_____

_____

_____

_____

_____

_____ ✍ _____

Para quien sabe apreciarla, una sabia reprensión vale tanto como
una joya de oro muy fino.
PROVERBIOS 25:12 (BLS).

COMPARTE EL MENSAJE DE TU VIDA

Dios quiere que expreses tus sagradas pasiones. Dios es un Dios apasionado. *Ama* con pasión algunas cosas y *odia* apasionadamente otras. Como has crecido cerca de él, te dará pasión por lo que quiere profundamente para que puedas ser su portavoz en el mundo. Puede ser una pasión acerca de un problema, un propósito, un principio o un grupo de personas. En cualquier caso, te sentirás obligado a hablar acerca de ellos y hacer una diferencia en lo que puedas.

_____

_____

_____

_____

_____

_____

_____

_____

_____

_____

_____

_____

_____

_____

_____

_____

_____

———————— ✺ ————————

El corazón del hombre determina su hablar.
MATEO 12:34 (BAD).

———————— ❧ ————————

> En el amor no hay temor, sino que el amor perfecto echa fuera el temor.
>
> 1 JUAN 4:18 (NVI).

Dios quiere que compartas las buenas nuevas. Nos deben importar los incrédulos ya que a Dios le preocupan. El amor no da alternativas. Un padre correría dentro de un edificio en llamas para salvar a su niño, porque su amor es más grande que su temor. Si temes compartir las buenas nuevas con las personas cercanas a ti, pídele a Dios que llene tu corazón con su amor por ellos. Mientras tengas una persona conocida que aún no conoce a Cristo, *debes* orar por ella, servirle en amor y compartirle las buenas nuevas. Con tu conversión también te convertiste en el mensajero de Dios.

_____

_____

_____

_____

_____

_____

_____

_____

_____

_____

_____

_____

_____

Señor, dame el coraje para trasmitir el singular Mensaje de Vida que me has encomendado. Ayúdame a romper con mi complacencia para que tú puedas hablar a través de mí. Permíteme compartir tu mensaje con quienquiera que hoy se cruce en mi camino.

CONVIÉRTETE EN UN CRISTIANO DE CLASE MUNDIAL

día 38

❧

Envíanos al mundo con las nuevas de tu poder salvador
y tu plan eterno para la humanidad.
SALMO 67:2 (BAD).

PUNTO DE REFLEXIÓN: La Gran Comisión es *mi* comisión.

PREGUNTA PARA CONSIDERAR: ¿Qué pasos puedo dar para enrolarme en una experiencia misionera breve el próximo año?

Los cristianos de clase mundial saben que Jesús los salvó para servir y que fueron creados para una misión. Están ansiosos por recibir una asignación particular y se emocionan con el privilegio de ser usados por Dios. Su gozo, su confianza y entusiasmo son contagiosos porque saben que hacen una diferencia.

❧

Jesús les dijo: «Vayan por todo el mundo y anuncien
las buenas nuevas a toda criatura».
MARCOS 16:15 (NVI)

CONVIÉRTETE EN UN CRISTIANO DE CLASE MUNDIAL

Cómo pensar como un cristiano de «clase mundial»

Deja de pensar en ti mismo y piensa en otros. Este cambio es difícil porque estamos por naturaleza absortos en nosotros mismos. La única forma de cambiar este paradigma es dependiendo de Dios momento tras momento.

_____

_____

_____

_____

_____

_____   Cada uno debe velar no
                                                 solo por sus propios
_____   intereses sino también
                                                 por los intereses
_____   de los demás.
                                             FILIPENSES 2:4 (NVI)

_____

_____

_____

_____

_____

_____

_____

_____

_____

_____

_____

_____

Cambia de perspectiva local a global. Desde el principio él quiso a los miembros de la familia de cada nación que creó. El primer paso para comenzar a pensar globalmente es orar por países específicos. Consigue un globo terráqueo o mapa del mundo y ora por las naciones por su nombre. Otra forma de desarrollar un pensamiento global es leyendo y viendo las noticias con los «*ojos de la Gran Comisión*». Dondequiera que haya cambios o conflictos, puedes estar seguro de que Dios los usará para atraer a la gente a él. La mejor forma de tener un pensamiento global es enrolarse en un proyecto misionero breve a otro país. No hay sustituto para ello. Una experiencia real en la vida de otra cultura es irremplazable.

Cambia de perspectiva temporal a eterna. Para sacar el mayor provecho a tu vida terrena debes mantener una perspectiva eterna. Eso te impedirá concentrarte en asuntos menores y te ayudará a distinguir entre lo que es urgente y lo que es trascendente. Muchas de las cosas en las que nosotros gastamos nuestras energías no tendrán importancia en un año y por consiguiente mucho menos en la eternidad. No cambies tu vida por cosas temporales. ¿Qué obstáculo estás permitiendo que se levante en el camino de tu misión? ¿Qué te impide ser un cristiano comprometido, de «clase mundial»? Sea lo que sea, quítalo de delante de ti.

_____

_____

_____

_____

_____

_____

_____

_____

_____

_____

_____

_____

_____

_____

_____

_____

_____

—————— ✍ ——————

Dejemos a un lado todo lo que nos estorba.
HEBREOS 12:1 (DHH).

—————— ⁓ ——————

Envíanos al mundo con las nuevas de tu poder
salvador y tu plan eterno para la humanidad.
SALMOS 67:2 (BAD).

Deja las excusas y piensa en formas creativas para cumplir tu comisión. Si quieres ser como Jesús, debes tener un corazón que anhele alcanzar al mundo entero. No puedes sentirte satisfecho solo con que tu familia y tus amigos conozcan a Cristo. Hay más de seis mil millones de personas en la tierra y el Señor quiere encontrar a *todos* sus hijos perdidos. La Gran Comisión es *tu* comisión, y hacer tu parte es el secreto para vivir una vida significativa.

_____

_____

_____

_____

_____

_____

_____

_____

_____

_____

_____

_____

_____

_____

_____

Padre, quiero estar interesado en todo el mundo como tú lo estás,
conmoverme por los millones que todavía no han escuchado las
buenas nuevas de tu amor. Acepto la Gran Comisión como mi
comisión. Aquí estoy, envíame a mí.

EQUILIBRA TU VIDA

❧

Vive con el debido sentido de responsabilidad, no como los que no
conocen el significado de la vida; sino como los que lo conocen.
EFESIOS 5:15 (PAR).

PUNTO DE REFLEXIÓN: Bendito sea el equilibrio.

PREGUNTA PARA CONSIDERAR: ¿Con cuál de las cuatro
actividades puedo comenzar para seguir y equilibrar los cinco propósitos de
Dios para mi vida?

La vida con propósito requiere equilibrio y compromiso. Hay cuatro
sencillas acciones para mantener los cinco propósitos de tu vida en equilibrio
y bien encaminados.

**Expresión: Considéralos conjuntamente con tu compañero espiritual o
en grupos pequeños.** La mejor manera de apropiarse de los principios de
este libro es estudiándolos con otros en grupos pequeños. La Biblia dice: «*El
hierro se afila con el hierro, y el hombre en el trato con el hombre*» (Proverbios
27:17, PAR). Aprendemos mejor en comunidad. Estudien las implicaciones
y aplicaciones de cada capítulo.

_____

_____

_____

_____

_____

_____

_____

_____

_____

_____

_____

_____

Evaluación: Somete con regularidad tu vida a un chequeo espiritual. La mejor manera de *equilibrar* los cinco propósitos en tu vida es evaluándote periódicamente. Dios le da un alto valor al hábito de autoevaluarse. Por lo menos cinco veces en la Escritura se nos dice que probemos y examinemos nuestra salud espiritual. Para tu salud espiritual requieres un chequeo ordinario de los cinco signos vitales: adoración, comunión, crecimiento en carácter, ministerio y misión.

_____

_____

_____

_____

_____

_____

_____

_____

_____

_____

_____

_____

_____

_____

_____

_____

———— ✒ ————

Hagamos un examen de conciencia y volvamos al camino del Señor.
LAMENTACIONES 3:40 (NVI).

Reflexión. Escribe tus progresos en un diario. La mejor manera de *reforzar* tus progresos en el cumplimiento de los propósitos de Dios en tu vida es llevar un diario espiritual. No es una agenda, sino una evidencia de las lecciones de la vida que no deseas olvidar. Recordamos lo que registramos. Escribir te ayuda a clarificar lo que Dios está haciendo en tu vida. Tu vida es un peregrinar, y un peregrinar merece un diario. Se lo debes a las futuras generaciones para preservar el testimonio de cómo Dios te ha ayudado a cumplir su propósito en la tierra. Será un testimonio que se repetirá mucho después de que estés en el cielo.

_____

_____

_____

_____

_____

_____

_____

_____

_____

_____

_____

_____

_____

_____

_____

_____

_____

_____

————— ✍ —————

Yo quiero ahora que le digas esas mismas cosas a los seguidores
en quienes puedes confiar para que las compartan a otros.
2 TIMOTEO 2:2 (PAR).

Multiplicación. Enseña a otros. Si quieres continuar creciendo, la mejor
manera de aprender más es enseñar a otros lo que has aprendido. Los que
trasmiten sus conocimientos reciben más de Dios. Ahora que entiendes el
propósito de tu vida, eres responsable de llevar el mensaje a otros.
Probablemente, conoces a cientos de personas que no saben el propósito de
la vida. Comparte esas verdades con tus hijos, tus amigos, tus prójimos y tus
compañeros de trabajo.

_____

_____

_____

————— ✍ —————
Trasmitir el
propósito de la vida
es mucho más que
una obligación, es
uno de los más
grandes privilegios
que tenemos. ¿A
quién le trasmitirás
este mensaje?
————— ✍ —————

*Jesús, ahora que conozco los cinco propósitos que tienes para mi
vida, te pido que me ayudes a equilibrarlos. No permitas que me
concentre en uno de ellos y descuide los demás.*

VIVE CON PROPÓSITO

David, después de servir a su propia generación conforme al
propósito de Dios, murió.
HECHOS 13:36 (NVI).

PUNTO DE REFLEXIÓN: Vivir con propósito es la única manera de
vivir de verdad.

PREGUNTA PARA CONSIDERAR: ¿Cuándo tomaré el tiempo para
apuntar mis respuestas a las grandes preguntas de la vida? ¿Cuándo plasmaré
mi propósito en papel?

Hay muchas *buenas* cosas que puedes hacer con tu vida, pero estos cinco son
los propósitos esenciales de Dios que debes *cumplir*. Desafortunadamente,
es sencillo distraernos u olvidarnos de lo que es importante. Para prevenir
esto, debes desarrollar una declaración de propósito para tu vida y revisarla
periódicamente. Una declaración de propósito especifica la dirección de tu
vida, es un resumen de los propósitos de Dios, define qué entenderás por
«éxito», expresa tu «forma» y clarifica tus roles.

Las cinco preguntas más importantes en la vida

¿Cuál será el centro de mi vida? Esta pregunta atañe a la *adoración*. ¿Para quién vivirás? Puedes centrar tu vida alrededor de tu carrera, tu familia, y muchas otras actividades igualmente válidas, pero ninguna suficientemente fuerte para sostenerte cuando la vida comience a desintegrarse. Necesitas un centro firme y estable.

¿Cuál será el carácter de mi vida? Esta es la pregunta del *discipulado*. ¿Qué clase de persona serás? Dios está más interesado en lo que *eres* que en lo que *haces*. Recuerda, el carácter te lo llevarás a la eternidad, tu carrera no.

_____

_____

_____

_____

_____

_____

_____

_____

_____

_____

_____

_____

_____

_____

_____

_____

¿Cuál será la contribución de mi vida? Esta pregunta se refiere al *servicio*. Según tu F.O.R.M.A (**F**ormación espiritual, **O**portunidades, **R**ecursos, **M**i personalidad, **A**ntecedentes), ¿cuál será tu mejor papel en la familia de Dios? ¿Fui formado para servir en un grupo específico en el cuerpo de Cristo?

¿Cómo será la comunicación de mi vida? Esto ese refiere a tu *misión* entre los no creyentes. Tu *declaración de misión* debería incluir tu compromiso de compartir el testimonio y las buenas nuevas con otros, las lecciones y pasiones que Dios te ha dado, y el grupo especial de personas que Dios te ha asignado alcanzar.

———— ✺ ————

Nosotros, colaboradores de Dios, les rogamos que no reciban su
gracia en vano.
2 CORINTIOS 6:1 (NVI).

¿Cuál será la comunidad de mi vida? Esta pregunta se refiere a la
comunión. ¿Cómo mostraré mi compromiso con otros creyentes y con la
familia de Dios? ¿Dónde practicaré los mandamientos de «unos a otros» con
los demás cristianos? ¿A cuál congregación me uniré como un miembro
activo? Cuanto más maduro seas, tanto más amarás al cuerpo de Cristo y te
sacrificarás por él. Puedes comenzar a vivir una vida con propósito hoy
mismo.

_____

_____

_____

_____

_____

_____

_____

_____

_____

_____

_____

_____

_____

*Querido Dios, me comprometo a usar el resto de mis días
al servicio de tus propósitos para mi generación
—donde sea, en cualquier momento, de cualquier forma—.
Ayúdame a difundir este mensaje, para que otros se
transformen en lo que tú quieres para ellos.*

———— ✍ ————

Por lo tanto, si alguno está en Cristo, es una nueva creación. ¡Lo
viejo ha pasado, ha llegado ya lo nuevo!

2 CORINTIOS 5:17 (NVI).

_____

_____

_____

_____

_____

_____

_____

_____

_____

_____

_____

_____

_____

_____

_____

_____

_____

_____

_____

_____

_____

FUENTES CITADAS

El texto ha sido tomado del libro «Una vida con propósito»,
   escrito por Rick Warren.

Citas bíblicas:

NVI   Nueva Versión Internacional, Sociedad Bíblica Internacional.

BAD   Biblia al Día, Sociedad Bíblica Internacional.

LBLA   Biblia de las Américas, Fundación Lockman.

DHH   Dios Habla Hoy, Sociedades Bíblicas Unidas.

RVR60 Reina Valera 1960, Sociedades Bíblicas Unidas.

BLS   Biblia en Lenguaje Sencillo, Sociedades Bíblicas Unidas

PAR   Paráfrasis de diferentes versiones bíblicas.

Si este diario te ha sido de ayuda, nos gustaría saber
lo que Dios ha obrado en tu vida.
Envía tu historia a Rick Warren:
stories@purposedrivenlife.com

Nos agradaría recibir noticias suyas.
Por favor, envíe sus comentarios sobre este libro
a la dirección que aparece a continuación.
Muchas gracias.

Editorial Vida
7500 N.W. 25 Street, Suite 239
Miami, Fl. 33122

Vidapub.sales@zondervan.com
http://www.editorialvida.com